UNIVERSITÉ DE FRANCE.

ACADÉMIE DE STRASBOURG.

THÈSE
POUR LA LICENCE,

PRÉSENTÉE ET SOUTENUE PUBLIQUEMENT

A LA FACULTÉ DE DROIT DE STRASBOURG,

Le mardi, 16 août 1842, à midi,

PAR

LOUIS-ALEXANDRE SERS,

ANCIEN ÉLÈVE DE L'ÉCOLE POLYTECHNIQUE.

STRASBOURG,

De l'imprimerie de V.e Berger-Levrault, imprimeur de l'Académie.

1842.

FACULTÉ DE DROIT DE STRASBOURG.

M. Rauter, Doyen de la faculté.

M. Heimburger, Président de la thèse.

Examinateurs MM. { Heimburger, Thieriet, Aubry, } Professeurs. Lafon, Professeur suppléant provisoire.

La Faculté n'entend approuver ni désapprouver les opinions particulières au candidat.

A MON PÈRE

ET

A MA MÈRE.

L. SERS.

DROIT CIVIL FRANÇAIS.

Des Hypothèques.

(Articles 2114-2145.)

INTRODUCTION.

La matière des hypothèques est une des plus importantes dans le Code civil d'une nation. A elle se rattachent toutes les transactions sociales; elle est la vie et le mouvement du crédit public et particulier; l'hypothèque conserve aux familles le patrimoine des épouses, protége la fortune de ceux qui, par leur âge ou leur incapacité, sont placés sous la protection directe de la loi, favorise le placement des capitaux, soutient les entreprises industrielles et commerciales; elle est la garantie des transactions les plus importantes. La nécessité de faire servir l'hypothèque au soutien d'intérêts si variés, l'a fait entourer de dispositions très-compliquées, d'une foule de solennités mitigées dans l'application par un principe large d'équité.

L'idée la plus générale que l'on puisse donner de ce droit avant d'en avoir esquissé les caractères, résulte de la définition suivante :

« L'hypothèque est un droit qui affecte un objet à l'acquittement « d'une dette ou à la garantie des actes de celui qui administre les « deniers d'autrui. »

L'hypothèque et le gage partent du même principe, leur origine est la même; leur nature est la même dans les législations anciennes. Le droit de poursuivre sur les biens d'un débiteur l'accomplissement des obligations qu'il a contractées, remonte à la plus haute antiquité. On le trouve souvent avec un degré de plus; car, notamment dans la législation romaine, la personne même du débiteur était le gage de ses créanciers. Voici le texte formel de la loi des XII tables :

« *Tertiis nundinis partis secanto, si plus minusve secuerunt, se* « *fraude esto.* »

Ce texte a été commenté ainsi qu'il suit :

« *At si plures erunt creditores tertiis nundinis, id est, vicesimo* « *septimo die, corpus rei in partes secanto; si plus minusve secue-* « *rint, sine fraude esto; si malent trans Tiberim eum peregrè ve-* « *nundanto.* »

Gellius, *Noct. Att.*, XX; 1.

Quintilianus, *Instit. Orat.*, III, 6.

Tertullianus, *Apologet.*, c. IV.

Ces dispositions ne se retrouvent pas dans la législation des peuples civilisés; les moyens d'action contre la personne ne sont appliqués que dans des cas très-rares et dans des circonstances exceptionnelles. On n'a laissé subsister que la poursuite contre les biens du débiteur; celle-ci même, étant de toute justice, a reçu de l'extension.

Ce principe est formulé dans notre législation par les articles 2092 et 2093 du Code civil en ces termes :

2092. « Quiconque s'est engagé personnellement, est tenu de rem- « plir son engagement sur tous ses biens mobiliers et immobiliers, « présents et à venir.

2093. « Les biens du débiteur sont le gage commun de ses créanciers. . . . . . . »

Nous reviendrons sur l'interprétation de ces articles; nous allons préalablement indiquer l'origine du droit de gage, et, par suite, du droit d'hypothèque.

Les jurisconsultes n'ont pas été d'accord sur la question de savoir si le principe *qui s'oblige, oblige le sien,* nous vient du Droit naturel ou du Droit civil. Toutes les anciennes coutumes le reproduisent; il est inculqué dans l'esprit de l'homme avant de l'être dans la loi; c'est *non scripta, sed nata lex.*

Notre pensée ne doit pas être prise dans un sens exclusif; voici comment elle doit être entendue.

Origine du droit d'hypothèque dans le Droit naturel.

Si l'on considère l'enveloppe extérieure à l'aide de laquelle le droit d'hypothèque se produit dans notre législation, il ne paraît pas découler de la nature même des rapports qui existent entre les hommes. Il paraît être une création de l'homme, faite pour arriver à la satisfaction d'un besoin naturel, celui de la garantie d'une promesse faite.

Mais si l'on observe que les formalités de notre Droit et le Droit lui-même n'ont été acquis que par l'association laborieusement accomplie de la liberté humaine et de la vie civile avec la justice et la raison; que postérieurement le Droit lui-même, élaboré par la civilisation, s'est formulé dans des codes, s'est mis en harmonie avec la nature et la raison; alors il est permis de concevoir qu'il découle d'une pensée primitive, et que, pour la faire ressortir, il est nécessaire de mettre le Droit actuel en regard avec le passé.

Les lois étant, comme l'a dit Montesquieu, des rapports nécessaires qui dérivent de la nature des choses, il y a nécessairement une raison primitive, et les lois commencent à exister comme rapports entre elles et les êtres vivants.

La législation civile de chaque peuple n'est par suite qu'une dérogation à la loi générale, ou la déduction de ces conséquences, ou celle des cas particuliers applicables à chaque pays. De ce que les lois sont des rapports nécessaires, on conclut naturellement que les lois sont l'œuvre des hommes, mais qu'elles préexistent avant leur confection et leur rédaction, comme des vérités admises, existantes et que l'on ne peut méconnaître.

Il est donc naturel de conclure que dans un gouvernement où la volonté des gouvernés concourt à la mise en œuvre du pouvoir législatif, les lois sont des conséquences de la pensée préexistante que nous venons de signaler, et lorsque ces conséquences ont été logiquement déduites, quelque forme extérieure qu'elles revêtent, elles se rattachent toujours par une suite de déductions, quelquefois inaperçues, à la raison primitive.

La loi civile, qui doit se rapprocher autant que possible de l'expression de la raison, établit que « les biens d'un débiteur sont le « gage commun des créanciers. »

Le mot gage est pris ici dans son acception la plus large : un droit en vertu duquel une personne peut poursuivre sur les biens d'autrui le payement de ce qui lui est dû.

Dans l'acception restreinte, le gage implique, outre le droit de se faire payer sur les biens d'autrui, l'idée de sûretés spéciales attribuées au créancier sur une chose qu'il retient et dont il ne s'est pas dessaisi.

Le gage proprement dit, ou le nantissement et l'antichrèse, entraînent nécessairement la dépossession du débiteur de l'objet qui en est frappé en faveur du créancier. La garantie donnée à ce dernier est des plus parfaites; car elle met entre ses mains l'équivalent de sa créance : il a ainsi une double action, et contre la personne pour l'acquittement de l'obligation et contre la chose pour se faire payer sur le prix.

Mais il est à considérer que cette manière de garantir une obligation place le débiteur dans une position défavorable, surtout dans l'antichrèse, alors que des immeubles sont donnés en gage, attendu qu'il est privé de la chose et de son revenu : il ne peut faire les améliorations qui lui seraient favorables, et son créancier jouit seul des revenus en les imputant sur la dette.

La garantie donnée au payement des obligations doit avoir pour but d'assurer au créancier le remboursement de ce qui lui est dû; c'est dans ce but que la loi a consacré l'adage: *qui s'oblige, oblige le sien.* Mais la voie d'action qui en résulte est loin d'être suffisante, lorsque plusieurs créanciers sont en droit d'invoquer ce principe en leur faveur. Pour compléter les sûretés, on eut recours d'abord au gage proprement dit (*pignus*) d'objets mobiliers ou immobiliers. Le défaut de publicité y fit promptement renoncer, et on eut alors recours à la vente *sub pacto fiduciæ* du Droit romain, vente à réméré du Droit français, dans laquelle on posait un principe de rétrocession en faveur du débiteur, s'il parvenait à se libérer.

Les inconvénients de ce système sont les mêmes que pour l'antichrèse, et on chercha vainement à les amoindrir, en stipulant une condition de relocation en faveur du débiteur. La nature des inconvénients changea de face; elle mit les tiers dans l'ignorance du changement de titre du nouveau fermier, et les exposa à des fraudes nombreuses.

C'est alors que l'on eut recours à l'antichrèse et qu'on aboutit à l'hypothèque, qui fut le complément de tous ces expédients.

Par la convention des parties, l'objet frappé d'hypothèque fut un gage fictif du créancier, qui lui conféra un droit de préférence sur le prix.

Le droit d'immobilier qu'il était, devient mobilier, *quià ad mobile tendit.* D'un droit sur l'immeuble on fit un droit sur le prix.

Les conséquences de ce droit réel sont, que le créancier auquel il est accordé doit être préféré à tous autres chirographaires sur la chose qui en est grevée. *Plus cautionis est in re quam in persona.* (*L.* 25, *D. de R. J.*) Il a de plus un droit de suite entre les mains des tiers détenteurs, sauf les préférences établies par la loi, qui sont, sans contredit, les priviléges et les hypothèques. Il existe encore une cause de préférence fondée sur le droit de rétention donnée au créancier gagiste; mais elle rentre beaucoup plus spécialement dans la matière des priviléges, et nous ne nous en occuperons pas ici.

D'après cela, on n'a aucun égard à la priorité de date des créances. Il serait en effet trop nuisible pour le crédit, surtout pour celui d'un négociant, qu'il en fût autrement. Celui que l'on soupçonnerait d'avoir contracté antérieurement des obligations perdrait à tout jamais des ressources qui peuvent lui être très-utiles.

D'un autre côté, les actes sous seing privé n'ayant pas date certaine, on pourrait, pour avantager un créancier ou pour nuire à un autre, antidater des obligations récentes, ou en supposer, qui ôteraient au premier créancier les sûretés qui préexistaient pour lui.

Les créanciers ordinaires partagent entre eux par contributions; ceux qui ont une hypothèque ou un privilége sont payés avant tous les autres.

Le Droit civil a deux points de vue nécessaires : le point de vue historique et le point de vue dogmatique.

Le premier conduit sûrement au second : l'histoire contient les faits, leur enchaînement progressif et le long enfantement de l'idée, laquelle est formulée par la science et par la civilisation, lorsqu'elle est sortie des faits. Les résultats de l'histoire sont érigés en loi rationnelle et en loi positive : ces faits, dépourvus de leur filiation et de la lumière historique, qui a pour but de la faire connaître, manqueraient d'une condition nécessaire à leur intelligence. Le Droit est une langue. Pour comprendre une des idées qu'elle renferme, il faut connaître et son point de départ et son point d'arrivée, et les échelons qui séparent l'état présent de l'état passé. Cette vérité a été tellement comprise, que toutes les sciences ont une tendance à prendre une marche rétrograde chaque fois que l'esprit, s'appuyant sur une nouvelle série de découvertes, veut marcher plus sûrement à la conquête de ce qui n'est pas encore connu. C'est le travail qu'ont effectué, dans les dernières années, un grand nombre de jurisconsultes; travail qui n'existait pas antérieurement. Ils se sont appliqués, plus qu'on ne l'avait fait jusqu'alors, à l'étude du Droit dans l'histoire, et par conséquent à l'histoire du Droit. C'est à ces travaux que nous sommes redevables des progrès qu'a faits cette science, et qu'elle est encore appelée à faire.

Arrivons à la matière des hypothèques, qui fait l'objet de cette thèse, remontons à son origine, en suivant l'ordre chronologique, et nous aurons ainsi à examiner :

Dans le chapitre I.er, les différents systèmes hypothécaires;

Dans le chapitre II, l'historique de la législation hypothécaire en France.

La partie dogmatique sera divisée ainsi qu'il suit :

PREMIÈRE PARTIE.

CHAPITRE PREMIER.

Aperçu sur les différents systèmes hypothécaires.

On peut diviser en trois classes les différents systèmes hypothécaires qui ont été mis en pratique. Sauf les modifications particulières à chaque état, on peut les ranger presque tous dans les classifications suivantes :

1.° Système romain, sans publicité ni spécialité;

2.° Système germanique, avec publicité et spécialité, et qui est adopté dans la plupart des États de l'Allemagne;

3.° Système français, mixte ou intermédiaire, qui n'admet pas d'une manière absolue la spécialité et la publicité, et qui fait quelques exceptions à ces principes en faveur de certaines hypothèques particulières;

4.° Enfin, quelques législations étrangères ne peuvent être comprises dans la division tripartite qui vient d'être exposée. Ce sont celles qui ne sont pas susceptibles d'être examinées au point de vue que nous avons adopté. Nous leur consacrerons un paragraphe à part.

1. *Droit romain.*

Dérivée du droit de gage proprement dit et de l'antichrèse, l'hypothèque eut pour base dans l'origine deux principes : celui de la *spécialité* et celui de la *publicité*.

Elle fut *spéciale*, en ce qu'elle frappait tel immeuble désigné, les autres immeubles du débiteur en étant affranchis; elle fut *publique*, c'est-à-dire, que l'on fit emploi de signes extérieurs et visibles, destinés à apprendre *à tous* que tel immeuble était grevé de charges hypothécaires et quelles étaient ces charges : ces signes extérieurs étaient dans l'ancienne Grèce, et notamment à Athènes, de petites colonnes élevées sur les fonds et chargées d'inscriptions qui rappelaient les obligations contractées avec un premier créancier. C'est ce qui a fait donner le nom d'hypothèque à ce droit, des mots ὑπὸ, sur, θησις, position (position d'une chose sur une autre).

Les deux caractères primitifs de cette hypothèque importée dans la législation romaine du premier âge, se dénaturèrent promptement, à cause de l'insuffisance et de l'inexactitude des poteaux destinés à donner la publicité; l'hypothèque devint occulte.

Peut-être, nous devons le dire, elle l'avait toujours été; car, à en juger par le peu d'importance accordé aux signes extérieurs, et en examinant que, dans les lois qui en parlent, il n'est nullement question de la préférence qui peut résulter de leur apposition pour les créanciers, nous serons porté à croire que ces symboles de la Grèce n'avaient jamais eu d'autre but que de conférer aux créanciers hypothécaires une tradition symbolique du droit qui devait garantir leur créance.

La stipulation seule des parties constituait une hypothèque.

Gaius nous apprend que l'hypothèque pouvait être établie verbalement, et que l'écriture n'était employée que pour la preuve.

Et ideo et sine scripturâ si convenit ut hypotheca sit, et probari poterit, res obligata erit de quâ conveniunt. Fiunt enim de his scripturæ ut quod actum est, per eas facilius probari possit. Et sine his autem valet quod actum est, si habeat probationem. (*L.* 4. *Dig. de pign. et hyp.*)

On préférait, à la vérité, le créancier qui avait un titre passé devant les officiers publics à celui qui n'en avait pas, bien que son droit pût être antérieur.

Il était aussi préféré à celui qui n'avait qu'un titre sous seing privé d'une date antérieure; car un titre privé ne peut avoir de date certaine, ni d'effet contre les tiers qui n'y ont pas été parties. Cependant on assimilait à un écrit authentique celui qui avait obtenu la signature de trois personnes, *probatæ et integræ opinionis.*

« *Si forte probatæ atque integræ opinionis trium vel amplius virorum subscriptiones eisdem idiochiris* (ἰδιόχειρα) *contineantur; tum quasi publicè conferta accipiuntur.*» *Const.* 11, *C. qui potior.* (*in fine*).

Toutefois, cette dernière disposition, extraite d'une loi datée de Constantinople (469), n'a reçu son effet que peu de temps avant Justinien.

Pour donner le plus de garanties possible contre les fraudes des débiteurs, on avait recours aux fidéjusseurs, qui intervenaient dans les transactions sous le nom de *auctores secundi.* C'est aussi pour prévenir ces fraudes, qu'on établit les peines les plus sévères contre les stellionataires, c'est-à-dire, contre ceux qui vendaient un immeuble, sans déclarer de quelles hypothèques il était grevé. (*L.* 3, §. 1. *D. stellion. Const.* 4, *C. de crim. stell.*). Ces peines emportaient l'infamie. Le coupable etait condamné à travailler aux mines et n'échappait à la peine qu'en restituant au créancier trompé la somme qui avait fait l'objet de la fraude.

Alors les créanciers ne se contentèrent plus du droit réel sur un immeuble désigné; ils voulurent que tous les immeubles de leur débiteur fussent affectés de l'hypothèque. Celle-ci devint donc générale et s'étendit même aux biens à venir du débiteur (*L.* 1. *pr. D. de pign. et hyp.*). C'est cette hypothèque générale et occulte qui a passé dans presque toutes les législations du moyen âge, et qui a même subsisté jusqu'au milieu du siècle dernier dans beaucoup de législations européennes.

A l'hypothèque générale et occulte s'adjoignirent naturellement d'abord celles qui résultaient des jugements, ensuite les hypothèques légales, c'est-à-dire, celles qui provenaient de rapports émanant de la loi elle-même, ou des créances résultant, par exemple, de l'administration des biens d'un pupille par son tuteur; car ces créances méritaient autant de faveur que celles résultant de simples conventions.

Cependant la faveur due à certains droits fit encore établir au législateur une nouvelle sorte d'hypothèque, qui devait primer celles même qui étaient antérieurement acquises, et on conféra aux privilèges un droit *de préférence* sur les hypothèques. Dans ce conflit d'hypothèques privilégiées ou non, judiciaires, tacites ou conventionnelles, et qui toutes avaient pour objet tous les biens du débiteur, l'on comprend quelle incertitude, quelle obscurité couvrait le sort des créanciers. Le gage hypothécaire ainsi prodigué et mal assuré, n'offrait plus de suffisantes garanties.

En accroissant sans mesure la masse des propriétés engagées, on ôtait tout moyen de proportionner le gage à la créance; le créancier, manquant d'un objet fixe qui lui fût attribué, ne pouvait empêcher le stellionat; de plus, pour une seule saisie il y avait nécessairement les frais et le concours de tous les créanciers. En accroissant la masse des propriétés engagées, on dépréciait le crédit foncier et la valeur des immeubles.

Tous ces inconvénients motivèrent des dispositions législatives de la part des empereurs; mais les mesures prises ne furent que partielles, et le mal resta sans remède.

2. *Système germanique.*

La Prusse est entrée la première dans ce système exclusif de toutes les hypothèques tacites, qui exige pour toutes les hypothèques l'inscription sur des registres publics et la restriction au fonds désigné sur lequel elles ont été inscrites. L'ordonnance royale, qui a posé ces bases fondamentales, est du 4 février 1720. Elle a même apporté des réformes dans le système des priviléges. Ces dispositions ont été de nouveau reproduites et sanctionnées dans le Code général pour les États prussiens de 1794 (Mittermayer, Archives pour la pratique civile, tom. XVIII).

Les bases générales du système hypothécaire prussien, et, pour parler plus généralement, du système germanique, sont les suivantes :

1.° La publicité s'y lie au système beaucoup plus vaste de la publicité de tous les droits réels, propriété, usufruit, emphythéose, servitudes, etc., lesquels n'existent vis-à-vis des tiers, ne s'acquièrent et ne se conservent que par l'inscription du propriétaire ou du créancier sur le registre général de toutes les propriétés foncières;

2.° Ce système dans lequel chaque propriété, avec tous les droits qui la grèvent ou l'augmentent, a un compte ouvert dans le registre public d'inscription, suppose nécessairement une délimitation exacte et rigoureuse de tous les immeubles, ainsi que de leurs morcellements et divisions successives. Cette institution se lie donc étroitement à celle du cadastre.

Quoiqu'il ne puisse entrer dans notre plan de donner une appréciation des différents systèmes et de leur comparaison, nous pouvons nous permettre de dire, que, quoique les sympathies d'un grand nombre de savants soient acquises au système exposé ci-dessus, le travail mécanique qu'il nécessiterait, eu égard à la grande division de la propriété en France, non moins que la constatation régulière de tous les démembrements de la propriété foncière, en rendrait l'application très-difficile à notre pays.

3.° Sous ce régime, l'inscription étant la condition et le titre seul irrécusable de toute propriété, comme de tout autre droit réel, direct ou hypothécaire, l'on a dû y protéger les simples prétentions de droit et les oppositions légitimes de tous les tiers qu'une inscription définitive trop facilement accordée aurait pu léser. On y a donc admis des inscriptions provisoires, qui ont pour objet de conserver les droits du créancier jusqu'à la décision du litige. Cette inscription est maintenue ou annulée ensuite du jugement.

4.° Enfin, ce n'est point un conservateur d'hypothèques, c'est-à-dire, un officier spécial, qui est chargé de la tenue du registre des droits réels; elle est confiée ordinairement aux tribunaux.

L'Autriche a suivi l'exemple donné par la Prusse. Par deux dispositions législatives, l'une du 24 novembre 1758, applicable aux possessions seigneuriales; l'autre, du 1.er septembre 1765, pour les fonds roturiers, l'impératrice Marie-Thérèse ordonna l'inscription des terres sur des registres appelés tables des terres et livre foncier, avec toutes les charges immobilières qui les grevaient. Le Code autrichien de 1811 reproduit ces dispositions.

Pour être considéré comme propriétaire, pour aliéner et concéder une hypothèque, il faut être inscrit comme propriétaire sur les registres publics. Toute mutation de propriété ne peut s'opérer que par l'inscription de l'acte translatif de propriété.

Le Code bavarois n'a reculé devant aucune formalité, ni devant aucune considération capable d'assurer sur des bases solides le crédit entre particuliers. Basé sur les mêmes principes que le système prussien, il prescrit que nul ne peut perdre sa propriété, sans l'inscription du titre de déchéance. Pour mieux garantir encore les tiers détenteurs contre les résolutions pour survenance d'enfants, ou contre les actions en nullité ou en rescision, la loi veut d'une part, que le donateur n'ait contre le donataire qu'une action personnelle; de l'autre, que les actions en nullité ou en rescision soient soumises à une prescription très-courte.

Ce système est encore admis par les législations du Wurtemberg, de Mecklenbourg-Schwerin, du grand-duché de Hesse, de la Saxe, de la Grèce, de la Suisse et de la Hollande, sauf des modifications qui ne tiennent pas à son essence.

3. *Système français.*

Nous esquisserons ailleurs l'historique du système hypothécaire adopté par les rédacteurs du Code civil. Le système en lui-même est brièvement résumé en ces termes par la résolution du conseil d'État du 9 février 1804 :

« Le conseil adopte en principe, que toute hypothèque sera pu-
« blique; que l'hypothèque conventionnelle sera toujours spéciale;
« que la sûreté de la femme et des mineurs doit être préférée à celle
« des acquéreurs et des prêteurs. »

C'est la dernière partie de cette résolution qui a modifié la généralité adoptée pour les principes de publicité et de spécialité. C'est là ce qui constitue le système mixte ou français, comme nous l'avons appelé. Ce n'est pas ici le lieu d'en signaler les inconvénients; nous allons seulement énumérer les États qui ont calqué leur législation sur la nôtre et ceux qui l'ont modifiée.

Ce sont les États du Pape, les Deux-Siciles, la Sardaigne, le grand-duché de Bade. Dans les États romains la publicité n'a reçu aucune restriction; dans le grand-duché de Bade on a conservé un principe de la loi de brumaire an VII, qui établit qu'aucun acheteur n'a droit réel de propriété que lorsque son acquisition a été inscrite sur le livre des immeubles.

4. *Système anglais.*

Quelques législations, notamment celles de l'Amérique et de l'Angleterre, diffèrent essentiellement quant à leur point de départ pour les hypothèques.

Nous ne parlerons que de la législation anglaise, qui consacre *la spécialité* sans *la publicité.*

En Angleterre, le consentement d'un propriétaire est indispensable pour avoir une hypothèque sur ses biens. Il n'y a donc ni hypothèque judiciaire ni hypothèque légale. D'autre part il n'y a aucune inscription sur les registres publics.

Les intérêts de l'incapable sont garantis d'une manière spéciale. La cour d'équité a la surveillance de tout ce qui touche à ces intérêts, et sur la dénonciation d'un parent, d'un ami, de l'incapable lui-même, elle maintient ou enlève la gestion au tuteur ou au mari, et, s'il y a lieu, elle en charge un de ses propres membres ou un mandataire relevant d'elle. La femme a de plus la ressource de confier, au moment même de son mariage, à des fidéicommissaires, l'administration de sa fortune, et ceux-ci sont soumis de plein droit à la surveillance de la cour d'équité. (Revue de législation de WOLOWSKI, t. 2.)

CHAPITRE II.

Historique de la législation hypothécaire en France.

La législation hypothécaire de la France est divisée chronologiquement en trois époques. Avant d'arriver au système mixte du Code civil, elle avait passé successivement par un régime occulte emprunté au Droit romain, et par un régime de publicité complète emprunté au Droit coutumier.

Nous aurons donc à considérer :

1.° Le droit hypothécaire antérieur aux lois de messidor an III et de brumaire an VII;

2.° Le Droit tel qu'il résulte de ces lois;

3.° Enfin, le système hypothécaire du Code civil promulgué en germinal an XII (1804).

1. *Droit hypothécaire antérieur à la révolution.*

La France avait hérité de l'hypothèque occulte du Droit romain. La clandestinité était le Droit commun. Dans quelques pays coutumiers cependant, l'hypothèque ne s'acquérait que par le nantissement, c'est-à-dire par l'inscription sur des registres publics, afin d'avoir hypothèque sur les biens du débiteur du jour de cette inscription. L'héritage servant de nantissement, ne pouvait être aliéné au détriment du créancier, qui était préféré à tous ceux qui n'étaient pas inscrits ou qui l'étaient après lui. Les bienfaits de cette publicité étaient appréciés par les pays dans lesquels elle était admise.

Dans le midi de la France l'hypothèque était restée occulte, et beaucoup de jurisconsultes, notamment Loyseau, considéraient cet état de choses comme une source d'abus et de désordres.

Plusieurs tentatives faites pour assurer à l'hypothèque la publicité, furent sans succès.

Henri III, par un édit de 1581, voulut établir dans toute la France un Droit pareil à celui qui était en vigueur dans les coutumes de nantissement; mais cet édit fut révoqué en 1588. Henri IV publia également un édit en 1606. En 1673, Louis XIV, sous le ministère de Colbert fit paraître un édit, «*portant établissement des greffes* « *d'enregistrement, des oppositions pour conserver la préférence aux* « *hypothèques.*» Cette innovation hardie n'eut pas plus de succès que les précédentes. Les grands seigneurs obérés de dettes, craignant de voir s'écrouler leur crédit, réussirent à le faire révoquer; ce qui eut lieu en avril 1674.

Dans les motifs de ce dernier édit du roi on lit le passage suivant, qui contraste péniblement avec les vues d'intérêt général et avec le courage qui avaient dicté l'ordonnance de 1673 :

«Quoique nos sujets puissent recevoir de très-considérables avan« tages de son exécution, néanmoins, comme il arrive ordinairement « que les règlements les plus utiles ont leur difficulté dans leur pre« mier établissement, et qu'il s'en rencontre dans celui-ci qui ne « peuvent être surmontées dans un temps où nous sommes obligé de « donner notre application principale aux affaires de laguerre, etc.»

On trouve dans l'édit de 1673 le germe des dispositions consacrées plus tard par le Code Napoléon.

L'édit de 1673, venu un siècle trop tôt, avait échoué et devant le crédit des grands seigneurs et devant l'opinion de jurisconsultes, d'ailleurs distingués, par lesquels cette innovation hardie avait été jugée téméraire. L'édit de 1771 eut pour objet de le faire revivre.

Lorsqu'un acquéreur craignait de n'avoir pas ses sûretés et voulait purger les hypothèques des biens par lui acquis, il stipulait ordinairement qu'il pourrait faire un décret volontaire, et qu'il ne serait tenu de payer le prix de l'acquisition qu'après que le décret aurait été scellé sans aucune opposition.

L'édit de 1771 fit disparaître ces décrets volontaires, qui souvent absorbaient en frais de procédure le prix des immeubles. La même disposition législative et une déclaration du 23 juin 1772, eurent aussi pour objet d'abroger l'usage des nantissements.

Dans notre ancien Droit on ne pouvait acquérir sur des immeubles un droit de propriété ou d'hypothèque que par la voie de l'*appropriance* ou par celle du *nantissement*.

L'appropriance, usitée surtout en Bretagne, consistait en ce que les nouveaux acquéreurs ne pouvaient valablement s'*approprier* des héritages par eux acquis, que six mois après l'insinuation de leurs contrats aux greffes établis près des juridictions royales de la Bretagne. Quant au nantissement, il consistait par le créancier porteur d'un titre « à se transporter en la justice foncière du lieu où était « assis l'héritage sur lequel il voulait acquérir l'hypothèque; et là, « exhiber son contrat ou son obligation aux officiers de cette jus- « tice; les requérir en présence de témoins, que, pour sûreté de « la dette ou continuation de la rente énoncée au titre, ils le « nantissent sur lesdits héritages, et que dorénavant ils ne reçoivent « aucun nantissement, que ce ne soit à la charge de la priorité de « son droit, de quoi acte lui devait être délivré et endossé sur son « titre, et ensuite registré au greffe de ladite justice foncière.»

Ces formalités ne s'étaient conservées que dans les coutumes de Flandre, Artois, Picardie, etc. Louis XV avait voulu les abroger: il avait eu pour but encore de faciliter aux acquéreurs d'immeubles la connaissance des hypothèques qui grevaient leurs acquisitions et les moyens d'en payer le prix, sans courir le risque d'être inquiétés par la suite. Les lettres de ratification furent substituées aux décrets volontaires. L'acquéreur exposait publiquement son titre d'acquisition; les créanciers du vendeur devaient se faire connaître et former opposition aux lettres de ratification : ils pouvaient requérir la surenchère pour éviter les fraudes; ils étaient payés sur le prix par ordre de leurs priviléges et de leurs hypothèques. S'il n'y avait pas

d'opposition dans le délai fixé, les lettres de ratification étaient scellées purement et simplement et l'immeuble purgé.

Mais ces dispositions de l'édit de 1771 n'atteignaient pas leur but, elles laissaient toujours l'hypothèque occulte; les prêteurs ne se connaissaient pour la première fois qu'à l'ordre, et acquéraient la certitude qu'ils avaient été trompés.

Aussi cet édit fut accueilli différemment par les parlements; la plupart en refusèrent l'enregistrement, quelques-uns ne le firent que de l'*exprès commandement du roi,* et un grand nombre ne l'admit qu'après des modifications ou des dispositions interprétatives.

Le parlement de Flandre, au contraire, déclara « qu'il regardait « la publicité des hypothèques comme le chef-d'œuvre de la sagesse, « comme le sceau, l'appui et la sûreté des propriétés, comme un « droit fondamental dont l'usage avait produit dans tous les temps « les plus heureux effets, et avait établi autant de confiance que de « facilité dans les affaires que les peuples belges traitent entre eux. « Par cette forme toutes les charges et hypothèques étaient mises à « découvert; rien n'était plus aisé que de s'assurer de l'état de chaque « immeuble par la seule inspection des registres. »

(Exposé des motifs du titre XVIII du livre 3 du Code civil, par le conseiller d'État TREILHARD.)

2. *Lois du 9 messidor an III et du 11 brumaire an VII.*

L'assemblée constituante eut plusieurs fois à s'occuper de cette matière, à laquelle sont étroitement liés le crédit national, la prospérité et même la moralité publique. L'assemblée législative avait fait imprimer un travail préparatoire. La convention nous donna la loi du 9 messidor an III, qui dépassa le but qu'elle se proposait.

Elle voulut que tout titre conférant hypothèque fût inscrit chez le conservateur. L'hypothèque était acquise du jour du contrat, s'il y avait inscription dans le mois; passé ce délai, elle ne prenait plus rang que du jour de son inscription. On avait imaginé d'autoriser ce que l'on appelait l'hypothèque sur soi-même. Le propriétaire faisait la déclaration de ses biens au conservateur des hypothèques; ce dernier faisait une estimation contradictoire de leur valeur et demeurait garant du capital. Ensuite il était autorisé à délivrer au propriétaire des cédules hypothécaires montant des trois quarts de la valeur de ses biens. Ces cédules étaient transmissibles par un endossement à ordre. Le résultat de cette innovation fut que la propriété foncière fut mobilisée d'une manière effrayante et livrée aux chances des jeux de bourse. C'était attaquer dans leurs principes tous les liens qui attachent l'homme à sa patrie, au sol et à la propriété, à tout ce qui est la garantie de la tranquillité publique. Aussi des réclamations s'élevèrent de toutes parts, et on se hâta de suspendre l'exécution d'une loi qui était devenue généralement un objet de terreur.

Une commission fut chargée de proposer les améliorations dont le Code hypothécaire était susceptible. Des deux déclarations qu'elle présenta, l'une est relative à la procédure, la seconde se réfère directement à notre sujet; elle contenait les principes suivants :

Toutes les hypothèques devaient être publiques; les hypothèques conventionnelles ne pouvaient être que spéciales, en ce sens qu'elles ne pouvaient frapper que sur les biens énumérés au contrat.

L'hypothèque judiciaire ne devait atteindre que les propriétés immobilières possédées par le débiteur au moment de la condamnation. L'hypothèque ne devait exister que du moment où l'obligation aurait été inscrite sur un registre public. Les inscriptions devaient en être faites au bureau de la situation du bien que l'on voulait grever.

Ces principes furent admis, après discussion, dans le Conseil des cinq cents, et rejetés à cause de l'insuffisance de leur rédaction par le Conseil des anciens.

Cependant un projet de loi, basé sur ces décisions, fut soumis de nouveau à une commission composée des citoyens BERGIER, RIOM, BROUILLÉ, VOUSLEN, GRENIER et JACQUEMINOT, et présenté à la discussion des Cinq cents avec un rapport du citoyen JACQUEMINOT, dans la séance du 21 messidor an VI. Dès ce moment, le principe de la publicité des hypothèques ne rencontra plus de contradicteurs, et fut acquis à notre législation. Quant à la spécialité, voici comment l'entend ce projet de loi : on n'interdit pas aux parties contractantes la faculté de soumettre à l'hypothèque tous les biens présents du débiteur; on voulut seulement que ces biens fussent indiqués, et que l'hypothèque ne pût être assise sur les biens à venir. La désignation des immeubles n'exigeait pas l'indication de leur contenance, ni celle de leurs tenants et aboutissants; il suffisait qu'elle fût sommaire. Lorsque le droit réel dont nous parlons était conféré par la loi, la désignation n'était plus possible; mais alors le droit n'était acquis que sur les biens présents, et il n'atteignait les biens à venir qu'à la charge d'une inscription sur chacun d'eux, à mesure de leur acquisition.

Ce principe de spécialité est, comme on le voit, beaucoup plus large que celui de notre Code civil actuel, et au nombre des réformes proposées pour l'avenir, beaucoup d'opinions modernes sont d'avis de revenir aux dispositions adoptées dans la loi du 11 brumaire an VII.

Mais la faculté de grever les biens à venir fut refusée à l'hypothèque résultant d'un jugement; celle-ci ne doit atteindre que les biens possédés par le débiteur au moment où il subit la condamnation.

Enfin, pour dernier principe, la loi de brumaire voulut que la priorité entre les créanciers hypothécaires fût déterminée par l'époque de l'inscription.

C'est de la loi dont nous parlons qu'est née notre législation actuelle : c'est donc dans ses dispositions que nous trouvons le plus souvent la source de celles qui nous régissent encore; c'est à elle que nous aurons recours pour l'interprétation du Code civil.

3. *Législation actuelle du Code civil.*

Le travail des rédacteurs du Code civil eut pour base la loi de l'an VII, puisque c'était elle qu'il s'agissait de réformer.

Dans un très-long exposé des motifs, lu au Conseil d'État, Bigot de Préameneu démontra que le système de publicité et de spécialité ne procurait ni la connaissance de la fortune du débiteur, ni la sûreté du prêteur, ni la plénitude du crédit de l'emprunteur; que ce système ne préservait point des lenteurs et des frais de discussion; que les hypothèques légales, établies par des considérations d'ordre public, ne doivent pas dépendre d'une simple formalité, celle de l'inscription, et que l'on doit, à cet égard, préférer un régime hypothécaire qui maintient tous les droits de propriété et qui assure une protection plus complète à ceux dont la loi a restreint la capacité en matière de possession.

Dans la commission même qui avait été chargée d'examiner le projet de loi, une partie des membres s'était prononcée pour le maintien de la loi de brumaire. Le conseiller Réal fut leur interprète lors de la discussion, et présenta les motifs sur lesquels se fondait cette opinion, qui demandait notamment que l'intérêt des acquéreurs d'immeubles fût préféré à celui des mineurs, des femmes mariées et des incapables.

C'est sur ces bases que s'éleva la discussion.

Tronchet la commença en parlant en faveur du nouveau projet de loi. Portalis réclama contre l'inscription des hypothèques légales, et appuya le système de spécialité du projet de loi. Après d'autres orateurs, dont quelques-uns voulurent remettre en question la publicité de l'hypothèque et revenir au système de clandestinité du Droit romain, le premier consul, résumant la discussion, posa la base des systèmes qui se trouvaient en présence, et écartant celui du Droit romain, ramena la question sur son véritable terrain, et établit la discussion entre le système de publicité complète, admis par la loi de brumaire, et le système mixte dont nous avons déjà parlé, et qui a passé dans nos Codes. Dans les trois séances qui furent consacrées à la discussion générale, le premier consul la dirigea toujours, et amena le Conseil d'État à la résolution que nous avons mentionnée plus haut, et qui est la base de notre système hypothécaire. Ensuite on passa à la discussion des articles, qui occupa cinq nouvelles séances. Cette discussion, commencée le 12 pluviôse an XII, se termina le 22 ventôse (19 mars 1804), et la promulgation de la loi eut lieu le 29 mars 1804. Depuis lors cette loi reçut son exécution. Pendant trente-huit ans d'application, ses vices ont pu se développer et être connus de tous; aussi depuis longtemps on en demande la révision. Beaucoup de jurisconsultes, d'hommes pratiques en ont fait sentir les côtés faibles, et aujourd'hui, quoique l'on ne soit pas d'accord sur les modifications nécessaires, on l'est sur la nécessité de mettre la loi au niveau de nos besoins, et de la plier aux exigences du crédit foncier et de la sûreté des transactions.

La question qui s'agite aujourd'hui parmi les jurisconsultes français et étrangers, est de savoir si le Code civil donne aux créanciers et aux acquéreurs le plus grand nombre de garanties désirables, ou bien, s'il n'y aurait pas moyen d'augmenter ces garanties, en élargissant le principe de la publicité et en le faisant pénétrer dans les hypothèques légales des femmes et des mineurs, et dans l'aliénation de tous les droits de propriété.

Un homme éminent comme politique, et dont la vie s'est consumée dans les luttes qu'il soutint pour le maintien de nos institutions, CASIMIR PÉRIER, exprima le premier hautement la désapprobation dont il frappait notre système hypothécaire. En 1827, il ouvrit un concours pour indiquer les améliorations qui pouvaient lui rendre la confiance publique, et créa un prix de 3000 francs pour l'auteur du mémoire qui aurait le mieux atteint ce but. En 1841, le ministre de la justice a consulté les facultés du royaume et les cours royales sur les réformes à introduire dans notre système hypothécaire. Quelques-unes ont fait paraître des mémoires sur cette matière. Il est vraisemblable que ces travaux seront élaborés en projet de loi et présentés aux Chambres dans une de leurs prochaines sessions.

SECONDE PARTIE.

NOTIONS PRÉLIMINAIRES.

SECTION PREMIÈRE.

1. *Nature du droit d'hypothèques.*

L'hypothèque, dit le Code, *est un droit réel sur un immeuble affecté à l'acquittement d'une obligation. Elle est indivisible et subsiste en entier sur tous les immeubles affectés, sur chacun et sur chaque portion de ces immeubles; elle les suit en quelque main qu'ils passent.*

L'hypothèque est un droit réel, c'est-à-dire, qu'elle donne un droit sur la chose qui en est affectée, par opposition au droit personnel, qui ne donne d'action que contre la personne. Comme toutes les actions réelles, l'hypothèque suit l'immeuble en quelque main qu'il passe, pour que le créancier puisse se faire payer par préférence aux créanciers chirographaires et même aux créanciers hypothécaires d'un rang inférieur, sur le prix de l'immeuble affecté à l'acquittement d'une obligation.

Ici il est nécessaire de dire ce que la définition du Code ne contient pas, c'est que le débiteur conserve la possession de la chose hypothéquée, et que la fin de l'hypothèque est la vente de la chose affectée; mais il est à remarquer que l'immeuble grevé ne peut venir, par une conséquence naturelle de l'hypothèque, en la possession d'un créancier; celui-ci n'a droit d'être payé que sur le prix de vente; c'est ce qui fait que l'hypothèque est un droit mobilier et non un droit immobilier *quia ad mobile tendit.*

On peut donner une raison de plus en faveur de cette opinion; c'est que l'hypothèque est un accessoire d'une créance qui est mobilière (art. 529 du Code civ.); elle suit donc, par conséquent, la nature de l'obligation principale : mais cette opinion a été considérée par quelques auteurs, et à tort, selon nous, comme la première de celles qui rangent l'hypothèque parmi les droits mobiliers; elle ne vient qu'en second ordre, après celle que nous avons énoncée d'abord, et qui consiste à dire que le but final de l'hypothèque étant pour le créancier d'être payé sur *le prix* de l'immeuble, et ce prix étant de sa nature une chose mobilière, le droit d'hypothèque suit cette nature.

L'indivision de l'hypothèque s'exprime par cet adage : « *tota in toto et tota in qualibet parte.* » Ce principe donne au créancier le droit de poursuivre la vente de celui des immeubles hypothéqués qui lui convient. (*L.* 8, *D. de distract. pign.*)

L'hypothèque est indivisible, c'est-à-dire, qu'en l'absence de toute convention contraire, le créancier peut l'exercer pour la totalité de sa créance ou pour ce qui lui est encore dû, contre tout détenteur des immeubles ou d'une portion quelconque des immeubles grevés, et chacun de ses héritiers le peut de même pour sa part dans la créance.

L'hypothèque, comme cela résulte de la définition donnée plus haut, est un contrat accessoire qui n'intervient entre les parties contractantes que pour servir de garantie à une obligation. Il semble par suite qu'elle ne doit pas être plus indivisible que la dette principale et que l'objet qui en est frappé. Mais cette indivision n'est pas de l'essence de l'hypothèque; seulement les conditions ne peuvent être scindées, c'est-à-dire, que si l'on a hypothèque sur un fonds pour une somme de 1000 francs, on ne peut diminuer le gage et libérer la plus faible partie de l'héritage hypothéqué qu'en payant la somme tout entière : « *Ne dividatur vigor et vinculum pignoris, debito principali diviso.* »

Cette indivisibilité relative a lieu tant à l'égard du créancier qu'à l'égard du débiteur, même lorsque plusieurs créanciers ou débiteurs sont substitués à un seul.

Nous trouverons dans le cours de ce travail quelques exceptions au principe de l'indivisibilité de l'hypothèque, surtout en matière de réduction des hypothèques légales.

On conclut encore de la nature accessoire de l'hypothèque que son existence est liée à celle de l'obligation qui y a donné lieu.

Pour que l'hypothèque ne devînt pas un droit illusoire pour le créancier par l'aliénation que ferait le débiteur des biens qui en seraient frappés, la loi y a attaché un droit de suite entre les mains de tout tiers détenteur ; c'est là ce qui constitue le *jus in re*, dont nous avons déjà parlé.

2. *Des causes qui produisent l'hypothèque.*

L'hypothèque n'a lieu que dans les cas et suivant les formes autorisées par la loi (art. 2115). Extérieurement, en effet, ce contrat dépend des formalités auxquelles la loi l'a soumis ; mais, par son origine et sa nature, il appartient à toutes les nations civilisées ; c'est un contrat du Droit des gens.

Il découle de ce principe, qu'un étranger peut l'acquérir en France en remplissant les formalités prescrites par les lois françaises, et ces formalités entrent alors pour l'étranger dans le domaine du Droit des gens.

Elle est légale, judiciaire ou conventionnelle.

L'hypothèque légale est celle qui résulte de la loi seule, parce que la loi l'a attachée à certaines créances des femmes sur les biens de leur mari, pour sûreté de leur dot ; aux créances des mineurs sur ceux de leur tuteur, pour garantie de la bonne gestion de la tutelle.

L'hypothèque judiciaire est celle qui résulte des jugements ou actes judiciaires.

Enfin, l'hypothèque conventionnelle est celle qui dépend des conventions et de la forme extérieure des contrats.

SECTION II.

Des biens susceptibles d'hypothèques.

Les articles qui règlent cette matière, sont ceux qui figurent au Code sous les n.os 2118 et 2119.

Le dernier reproduit le principe de Droit coutumier : « *Meuble n'a pas de suite par hypothèque.* »

Le contraire avait lieu dans la législation romaine, où l'hypothèque avait avec le gage une connexion intime, et où l'on admettait que ce qui était susceptible d'être acheté et vendu, était susceptible de garantir une obligation. « *Quod emptionem venditionemque recipit, etiam pignorationem recipere potest.* »

Bien loin de laisser subsister ce principe, on a établi dans notre Code civil précisément l'opposé dans l'article 2279 : « en fait de meubles la possession vaut titre. » Comment suivre, en effet, entre les mains des tiers la possession de meubles transmissibles avec tant de facilité. Ils ne pourraient conserver le caractère d'un droit établi en eux, et d'ailleurs ils satisfont bien plus directement au but qu'on se propose, si on en fait l'objet d'un contrat de gage (proprement dit), sans recourir à la fiction de droit de l'hypothèque. Ensuite ne serait-ce pas entraver d'une manière très-préjudiciable le commerce, puisque le plus petit objet exposerait l'acheteur à une éviction.

Il est cependant à remarquer que, comme dans le droit d'hypothèque, il y a deux choses, le droit de suite et le droit de préférence : les meubles ne sont pas affectés du droit de suite, mais peuvent l'être du droit de préférence; les deux droits peuvent être séparés.

Dans notre Droit sont seuls susceptibles d'hypothèques :

1.° Les biens immobiliers qui sont dans le commerce, et leurs accessoires réputés immeubles;

2.° L'usufruit des mêmes biens et accessoires pendant sa durée.

Tous les immeubles peuvent donc être affectés de l'hypothèque, par suite aussi tous les accessoires d'un fonds peuvent être vendus par voie d'expropriation forcée. Ce sont en un mot les immeubles par destination qui figurent aux articles 524 et 525 du Code civil. Il faut aussi y ajouter les accessions, comme les alluvions et les attérissements.

Mais l'hypothèque ne frappe ces objets qu'autant que leur destination n'est pas changée. Ils ne pourraient être vendus séparément de l'immeuble pour satisfaire les créanciers.

C'est à ce point de vue qu'il faut aussi considérer la question de savoir si une hypothèque peut être consentie sur les fruits pendants par racine.

Aux termes de l'article 520 du Code civil ils sont immeubles. Ils sont frappés de l'hypothèque tant qu'ils sont attachés au sol hypothéqué; mais aussitôt qu'ils sont récoltés, ils deviennent meubles et échappent à l'hypothèque. Mais en cas de saisie, la dénonciation au saisi les immobilise, et ils peuvent être distribués avec le prix de l'immeuble par ordre d'hypothèques (art. 689 du C. de pr.).

L'hypothèque peut encore atteindre :

Les mines concédées, qui sont immeubles (art. 8 de la loi du 21 avril 1810), mais non pas les matières extraites, qui sont meubles (art. 9 et 21 de la même loi);

L'immeuble possédé à titre d'emphythéose;

Les actions de la banque de France immobilisées.

On peut hypothéquer un immeuble soumis à une expropriation forcée, dont la dénonciation a été faite au saisi, d'après l'article 681 du Code de procédure.

Mais ne peuvent être grevés d'hypothèques :

Les servitudes, à cause de leur nature;

Les actions qui tendent à la revendication d'un immeuble;

Les droits d'usage dans les forêts, tels que droits de pâturage, glandée et affouage, qui sont incessibles et insaisissables;

Les rentes constituées à prix d'argent (loi de brumaire an VII, art. 2);

Les actions ou intérêts que l'on peut avoir dans les compagnies de finances, de commerce ou d'industrie, tant que la société existe; mais alors qu'elle est dissoute, et que les droits de chacun sont fixés par le partage, nul ne peut être empêché d'hypothéquer les immeubles qui lui reviennent;

Les choses qui ne sont pas dans le commerce, par exemple : les églises;

Les choses qui sont du domaine public, par exemple : les chemins, les rivières, les rues, etc.;

Les charges et offices, jadis réputées immeubles, et susceptibles d'hypothèques.

Celui qui a une action en revendication d'un immeuble possédé par un tiers, peut-il hypothéquer cet immeuble? Nous le pensons; mais avec les restrictions de l'article 2125 du Code civil, et en nous fondant sur le principe : *Is qui actionem habet ad rem recuperandam, rem ipsam habere videtur.*

Le Code n'a rien innové aux dispositions des lois maritimes concernant les navires et bâtiments de mer.

Aux termes des articles 190 et suivants du Code de commerce, les navires sont meubles, et suivant un avis du Conseil d'État, la procédure, la vente et la distribution doivent se faire devant le tribunal civil, parce que les tribunaux de commerce ne connaissent pas de l'exécution de leurs jugements.

CHAPITRE PREMIER.

Des différentes espèces d'hypothèques.

SECTION PREMIÈRE.

Hypothèques légales.

Les droits et créances auxquels l'hypothèque légale est attribuée, sont :

1.° Ceux des femmes mariées, sur les biens de leurs maris;

2.° Ceux des mineurs et interdits, sur les biens de leurs tuteurs;

3.° Ceux de l'État, des communes et des établissements publics, sur les biens des receveurs et administrateurs comptables (art. 2121 du C. civ.);

4.° Ceux du légataire, sur les biens de la succession pour le payement de son legs (art. 1009, 1012 et 1017 du C. civ.);

5.° Ceux des créanciers privilégiés qui n'ont pas rempli les conditions prescrites pour la conservation de leur privilége (art. 2113 du C. civ.).

§. 1.er

1.° *Hypothèque des femmes mariées.*

L'hypothèque légale est celle qui résulte de la loi, indépendamment de toute convention. La loi la donne aux femmes mariées, ou sous le régime dotal, ou sous celui de la communauté, pour sûreté des dots, conventions et apports matrimoniaux.

Dans l'ancien Droit romain, les femmes n'avaient qu'un privilége personnel pour être préférées de leur dot aux créanciers antérieurs de leur mari.

« *Nos itaque*, dit Justinien, *ad antiquas leges respeximus, in* « *personalibus actionibus rei uxoriæ actioni (quam in præsenti sus-*

« *tulimus) magnam prærogativam præstantes, ut contra omnes penè* « *personales actiones habeant privilegia et creditores alios antece-* « *dant licet fuerint anteriores.* »

Ensuite il annonce l'institution de l'hypothèque tacite :

« *Ad hæc omnia respicientes* .... *sancimus, ex stipulatu* « *actionem, quam mulieribus jam pro dote instituenda dedimus,* « *cuique etiam tacitam donavimus inesse hypothecam, potiora jura* « *contra omnes habere mariti creditores licet anterioris sint tempo-* « *ris privilegio vallati.* »

L. 12, *C. qui potior in pign.*

Justinien avait tellement privilégié cette hypothèque, qu'il voulut qu'elle assurât la préférence sur tous les créanciers hypothécaires du mari, même antérieurs en date et privilégiés.

Suivant le Code civil, la femme n'a pas d'hypothèque privilégiée (art. 1572), mais une simple hypothèque tacite, qui garantit les droits et reprises, ses gains nuptiaux et ses paraphernaux, et qui atteint tous les biens du mari.

Les fruits de la dot doivent avoir hypothèque légale du jour où ils ont couru.

Le Code de commerce a apporté cependant une modification sensible au Droit commun, à l'égard des femmes de commerçants.

Lorsque le mari est commerçant au moment du mariage, les immeubles qui lui appartiennent à l'époque de la célébration du mariage, ou qui lui sont advenus depuis, sont seuls soumis à l'hypothèque légale de la femme :

1.° Pour les deniers et effets mobiliers qu'elle aura apportés en dot, ou qui lui seront advenus depuis le mariage, par succession ou donation entre vifs ou testamentaire, et dont elle prouvera la délivrance ou le payement par acte ayant date certaine ;

2.° Pour le remploi de ses biens aliénés pendant le mariage ;

3.° Pour l'indemnité des dettes par elle contractées avec son mari (art. 563 du C. de comm.).

Comme l'hypothèque est du Droit des gens, et comme les articles 2121 et 2135 du Code civil, forment un *statut réel*, il est permis de conclure qu'une femme étrangère jouirait de l'hypothèque légale sur les biens de son mari situés en France.

L'hypothèque légale de la femme mariée frappe tous les immeubles du mari.

Elle grève non-seulement les immeubles propres du mari, mais encore les conquêts de la communauté, lors même que ce dernier les aurait aliénés ou hypothéqués durant le mariage.

Les époux, lorsqu'ils sont majeurs, peuvent dans le contrat de mariage en consentir la restriction à des immeubles spéciaux.

L'hypothèque de la femme a lieu du jour du mariage, mais elle ne prend date, en ce qui concerne les successions qui lui échoient, ou les donations qui lui sont faites pendant le mariage, que du jour de l'ouverture de ces successions, ou de celui où le mari est devenu responsable des objets compris dans les donations.

La femme mariée sous tout autre régime que le régime dotal, perd le bénéfice de son hypothèque :

Par une obligation solidaire contractée avec son mari;

Par la renonciation à son hypothèque légale, au profit d'un ou de plusieurs créanciers de son mari. Cette renonciation peut n'être que tacite.

2.° *Hypothèque légale des mineurs.*

Cette hypothèque nous vient encore du Droit romain.

« *Pro officio administrationis tutoris vel curatoris, bona, si cre-*
« *ditores existant, tanquàm* pignoris titulo *obligata, minores sibi-*
« *met, vendicare minimè prohibentur.* »

L. 20, *c. de adm. tutor.*

Les interdits pour cause de fureur ou de démence, avaient bien un privilége *in personalibus actionibus*, mais pas d'hypothèque légale.

La jurisprudence française les assimilant les uns aux autres, leur accorde à tous l'hypothèque légale sur les biens de leurs tuteurs et curateurs.

Les biens du protuteur, c'est-à-dire, de celui qui administre des biens aux colonies (art. 491) en sont aussi frappés. Il faut le dire, aussi des biens du père, tuteur de ses enfants, de ceux du tuteur officieux.

Mais l'hypothèque légale n'existe pas sur les biens des subrogés tuteurs;

Des curateurs donnés aux mineurs émancipés;

Des conseils donnés aux prodigues;

Des pères administrant pendant le mariage les biens appartenant en propre à leurs enfants (art. 361);

Du second mari d'une mère tutrice qui a négligé de se faire conserver la tutelle (art. 395) en se remariant.

L'hypothèque légale a lieu :

Pour tout ce qui se réfère à la gestion du tuteur;

Pour tout ce qu'il a négligé de faire au détriment du pupille;

Pour les sommes que devait le tuteur au pupille avant la tutelle;

Pour tous redressements du compte de tutelle pendant les dix ans qui suivent la majorité (art. 475).

Cette hypothèque légale prend naissance du jour de l'acceptation de la tutelle,

C'est-à-dire,

Pour les tuteurs légitimes du jour même de l'ouverture de la tutelle;

Pour les tutelles testamentaires et celles déférées par le conseil de famille, du jour où le tuteur a eu connaissance du testament et de la délibération.

Les principes de notre législation donnent lieu de penser, qu'un acte de tutelle fait en pays étranger, emporte en France hypothèque au profit d'un mineur français; on va même plus loin, et on décide qu'un mineur étranger, dont la tutelle a été déférée en pays étranger, pourra réclamer hypothèque.

3.° *Hypothèque légale sur les biens des comptables.*

La troisième sorte d'hypothèques légales est celle de l'État, des communes et établissements publics, sur les biens des receveurs et administrateurs comptables. On entend par comptables, ceux qui manient les fonds publics ou en sont dépositaires.

Les dispositions spéciales à cette garantie sont déterminées par la loi du 5 septembre 1807.

Elle s'étend aux biens possédés par le comptable avant sa nomination et à ceux acquis postérieurement, autrement qu'à titre onéreux; mais à la charge de l'inscription, conformément aux articles 2121 et 2134 du Code civil. Cette inscription distingue essentiellement cette hypothèque légale de celle dont nous nous sommes occupé antérieurement.

Les percepteurs des communes ne sont point comptables dans le sens de la loi de 1807.

4.° *Hypothèque légale des légataires.*

L'article 1017 dispose que les héritiers du testateur ou autres débiteurs d'un legs seront personnellement tenus de l'acquitter chacun au prorata de la part et portion dont ils profiteront dans la succession, et qu'ils en seront tenus hypothécairement pour le tout jusqu'à concurrence de la valeur des immeubles de la succession dont ils seront détenteurs.

5.° *Priviléges dégénérés en hypothèques par défaut d'inscription.*

Enfin, on considère comme hypothèque légale celle que l'article 2113 déclare exister au profit de ceux qui ont un privilége sur les immeubles, dans les termes des articles 2108 et suivants, et qui ont négligé de le faire inscrire dans les délais fixés par la loi.

§. 2.

Les hypothèques légales, et il en est de même des hypothèques judiciaires, frappent sur l'universalité des biens présents et à venir. Nous verrons plus loin qu'elles peuvent être réduites.

C'est par suite de ce principe qu'il faut conclure :

1.° Que l'hypothèque générale de la femme frappe sur les immeubles que le mari a acquis dans la communauté et qu'il a ensuite revendus, lorsque la femme a renoncé à la communauté;

2.° Que, lorsqu'un immeuble soumis à l'hypothèque générale est échangé contre un autre, les deux immeubles restent soumis à cette hypothèque (arrêt de la Cour de cassation du 9 novembre 1819);

3.° Que l'hypothèque de la femme, du mineur et de l'interdit s'étend même aux biens que le mari ou le tuteur a pu acquérir depuis la mort de la femme ou depuis la fin de la tutelle.

SECTION II.

Hypothèques judiciaires.

Notre hypothèque judiciaire est une création du Droit français: elle diffère essentiellement du gage judiciaire des Romains. Une sentence du juge romain ne produisait pas ce résultat, d'affecter tous les biens du débiteur condamné par une hypothèque générale. Elle ne produisait qu'une simple action *in factum.*

L'origine de ce droit se trouve dans l'article 35 de l'ordonnance de Moulins, et dans les articles 10 de la loi du 9 messidor an III et 3 du 11 brumaire an VII.

Voici comment elle est instituée dans nos Codes :

« L'hypothèque judiciaire résulte des jugements, soit contradic-
« toires, soit par défaut, définitifs ou provisoires, en faveur de celui
« qui les a obtenus.

« Elle résulte aussi de reconnaissances ou vérifications faites en « jugement, des signatures apposées à un acte obligatoire sous seing « privé.

« Elle peut s'exercer sur les immeubles actuels du débiteur et sur « ceux qu'il pourra acquérir, sauf aussi les modifications qui seront « ci-après exprimées. Les décisions arbitrales n'emportent hypothèque « qu'autant qu'elles sont revêtues de l'ordonnance judiciaire d'exé- « cution.

« L'hypothèque ne peut pareillement résulter des jugements ren- « dus en pays étrangers, qu'autant qu'ils ont été déclarés exécutoires « par un tribunal français, sans préjudice des dispositions contraires, « qui peuvent être dans les lois politiques ou dans les traités. »

Les effets de la sentence s'étendent à tous les biens présents et à venir du condamné, en faveur de celui qui l'a obtenue, à charge par lui de prendre inscription. Il suffit même d'une seule inscription sur tous les biens présents et à venir, sis dans l'arrondissement du bureau (Arr. de la Cour de cass., 3 août 1819).

Lorsqu'un immeuble soumis à l'hypothèque judiciaire est échangé, l'immeuble reçu en contre-échange est hypothéqué, et l'immeuble donné reste soumis à l'hypothèque.

Cependant un jugement rendu contre une femme mariée sous le régime dotal, ne donnerait pas hypothèque sur la dot de cette femme, s'il s'agit de dettes contractées pendant le mariage.

L'hypothèque judiciaire résulte de tout jugement émané d'une juridiction française et contenant une condamnation. Ainsi, un jugement préparatoire et d'instruction, un jugement qui ordonnerait un rapport d'experts, une descente sur les lieux, n'y donnerait pas lieu. Il faut dire la même chose de celui qui ordonnerait une reddition de compte; de ceux qui nomment un curateur à une succession vacante; de ceux qui reçoivent caution judiciaire, des jugements d'adjudication.

Il est du reste indifférent que le jugement soit contradictoire ou par défaut, définitif ou provisoire, susceptible ou non d'être attaqué par l'une des voies de recours admises par la loi.

Par suite, tous actes judiciaires qui n'ont pas le caractère de jugements, n'emportent pas hypothèque. Ce sont, par exemple, les procès-verbaux de conciliation rédigés par les juges de paix.

Parmi les jugements qui emportent hypothèque, il faut compter :

Ceux rendus en matière criminelle, correctionnelle ou de simple police ;

Les jugements convenus entre les parties ;

Les jugements rendus par les consuls de commerce français à l'étranger ; mais, quand ces jugements sont attaqués par une des voies de procédure ouvertes, l'hypothèque, qui a pu déjà être inscrite, reste en suspens jusqu'à la décision définitive ;

Les décisions des Autorités administratives sur les contestations portées devant elles.

Telles sont, par exemple : les contraintes décernées par l'Administration des douanes ; les ordonnances du Roi, rendues en Conseil d'État sur les matières contentieuses ; les condamnations prononcées par les conseils de préfecture contre des contrevenants à la police de la voirie et à celle de la navigation, etc. ;

Les jugements des juges de paix prononçant des condamnations, mais non les actes qu'ils font comme conciliateurs ;

Les sentences arbitrales revêtues de l'ordonnance d'*exequatur ;*

Les jugements de reconnaissance ou de vérification de signatures apposées aux actes sous seing privé, contenant des obligations ; mais il est nécessaire que les actes sous seing privé contiennent des obligations exigibles. Car aux termes de l'article 1.er de la loi du 3 septembre 1807, lorsqu'un jugement aura été rendu sur une semblable demande, avant l'échéance ou l'exigibilité de l'obligation, il ne pourra être pris aucune inscription hypothécaire en vertu de ce jugement, qu'à défaut de payement de l'obligation après son échéance ou son exigibilité, à moins qu'il n'y ait eu stipulation contraire.

L'hypothèque dérivant de ces divers jugements, est de plein droit, c'est-à-dire, qu'il n'est pas nécessaire que le jugement en fasse mention.

Mais, s'il est facile de comprendre que les jugements donnent lieu à une hypothèque judiciaire, il ne l'est pas toujours de savoir quand l'hypothèque découle d'un jugement. Ainsi, par exemple, un débiteur s'est engagé par un acte sous seing privé à consentir hypothèque sur certains immeubles. Il refuse d'exécuter cette promesse. Il y a poursuite judiciaire. Intervient un jugement qui le condamne et ordonne que, faute par lui d'y obtempérer, le jugement tiendra lieu de convention.

L'hypothèque est-elle conventionnelle ou judiciaire?

Le jugement a-t-il seulement confirmé l'hypothèque spéciale? Notre opinion est, qu'il a fait plus, et qu'il a substitué une hypothèque générale à une hypothèque spéciale. Le débiteur ne peut s'en prendre qu'à lui-même de n'avoir pas exécuté ses engagements.

L'ordonnance de Moulins faisait courir l'hypothèque judiciaire *de l'instant de la condamnation contradictoire en dernier ressort et du jour de la prononciation.*

La condamnation devait être en dernier ressort; mais cela fut plus tard modifié, et on put prendre inscription après la condamnation en premier ressort. Seulement l'hypothèque suit le sort de l'appel; mais on a conservé dans notre Code le principe qui la fait courir du jour de la prononciation, c'est-à-dire, avant toute signification. Cela vient de ce que l'inscription hypothécaire n'est pas considérée comme un acte d'exécution du jugement, mais comme un acte conservatoire. Ceci s'applique même aux jugements rendus par défaut, qui, dans nos coutumes, n'emportaient hypothèque qu'après signification aux avoués.

Les jugements rendus par des tribunaux étrangers confèrent aussi l'hypothèque judiciaire, s'ils ont été rendus exécutoires par un tribunal français; celui-ci restant maître d'examiner le fonds et de refuser le *pareatis*.

Mais un jugement rendu par des arbitres en pays étranger, l'une des parties étant un Français, ne serait pas sujet à révision par le tribunal dont on solliciterait l'ordonnance exécutoire.

SECTION III.

Hypothèques conventionnelles.

Cette matière étant assez étendue, nous la diviserons ainsi qu'il suit :

1.° Des personnes capables de constituer hypothèque ;

2.° Des biens qui peuvent être hypothéqués conventionnellement ;

3.° Des actes contenant constitution d'hypothèque ;

4.° Des obligations pour sûreté desquelles l'hypothèque peut être constituée.

1.° *Des personnes capables de constituer hypothèque.*

L'hypothèque conventionnelle est celle qui résulte de la convention des parties et de la forme extérieure des actes et des contrats (art. 2117).

Quant à la convention, elle ne peut être formée que par des parties ayant la capacité de contracter des obligations.

En thèse générale, ceux qui ne peuvent s'obliger valablement, ne peuvent par cela même hypothéquer leurs biens, par suite de ce qu'il n'y a point d'accessoire là où il n'y a point de principal.

D'ailleurs, l'hypothèque, étant une aliénation d'une portion du domaine de la chose, ne peut être consentie que par ceux qui ont capacité pour aliéner.

Il y a ici lieu d'examiner à cet égard la capacité des personnes dont les lois ont limité les pouvoirs pour l'aliénation de leur patrimoine :

1.° Quant aux femmes, si le régime dotal n'est pas la base de leur contrat de mariage, leur capacité est régie par l'article 217 du Code civil, qui s'exprime ainsi :

« La femme, même non commune ou séparée de biens, ne peut « donner, aliéner, *hypothéquer*,..... sans le concours du mari dans « l'acte ou son consentement par écrit. »

Sous le régime dotal, la dot est inaliénable, et n'est pas susceptible d'hypothèque (art. 1554). Les paraphernaux, aux termes de l'article 217 déjà cité, ne peuvent être hypothéqués sans l'autorisation du mari.

Mais une femme qui se serait réservé la faculté d'aliéner un immeuble dotal, pourrait-elle l'hypothéquer? Nous croyons que la question doit être résolue par la négative.

Lorsqu'une femme a hypothéqué seule les immeubles qui ne pouvaient être engagés sans l'autorisation de son mari, elle peut faire annuler cette hypothèque; son mari lui-même peut en poursuivre l'annulation, et les héritiers de l'un et de l'autre.

2.° La femme, marchande publique, ne peut hypothéquer ses biens dotaux (art. 7 du Code de comm.); mais elle peut grever ses autres immeubles d'hypothèques en vue de son commerce.

3.° Les communes et les établissements publics ne peuvent hypothéquer leurs biens sans une ordonnance du Roi.

4.° Les biens des mineurs sont entourés d'une protection toute spéciale de la loi pour les mettre à l'abri de la mauvaise foi.

Le tuteur, même le père ou la mère, ne peut hypothéquer les biens immeubles du mineur sans être autorisé par un conseil de famille.

Cette autorisation ne devra être accordée que pour cause d'une nécessité absolue ou d'un avantage évident (art. 457 du Code civ.).

Le mineur émancipé lui-même est soumis à cette formalité (art. 483 et 484 du Code civ.).

5.° L'interdit est assimilé au mineur pour ses biens (art. 509 du C. c.).

Ceux qui sont pourvus d'un conseil judiciaire ne peuvent faire aucun acte d'aliénation sans l'autorisation de ce conseil (art. 499 — 513 du C. civ.)

6.° Tous ceux qui ne jouissent qu'en vertu de l'envoi en possession provisoire ne peuvent hypothéquer les biens de l'absent (art. 128).

7.° Les morts civilement ne sont pas appelés à jouir de cette faculté.

L'hypothèque consentie par un incapable, s'il la ratifiait à la cessation de son incapacité, serait-elle valable?

La réponse doit être affirmative à l'égard des mineurs, en présence de l'article 1311 du Code civil, et si la ratification a été opérée dans l'intention de réparer le vice d'incapacité sur lequel on pouvait fonder une action en nullité (art. 1338).

A l'égard des autres incapables, il faut aussi leur étendre ce principe (art. 1312).

2.° *Quels biens peuvent être hypothéqués conventionnellement?*

Celui qui veut hypothéquer un immeuble, doit avant tout en être propriétaire ou en avoir reçu le droit du propriétaire. Ainsi, on ne peut hypothéquer l'immeuble d'autrui. Une pareille constitution d'hypothèque ne serait pas validée, même quand postérieurement l'immeuble viendrait en la possession du constituant.

Ceux qui n'ont sur l'immeuble qu'un droit suspendu par une condition ou résoluble dans certains cas, ou sujet à rescision, ne peuvent consentir qu'une hypothèque soumise aux mêmes conditions ou à la même rescision (art. 2125).

Cet article ne fait qu'appliquer le principe : « *nemo plus juris ad alium transferre potest quam ipse habet.* »

Que deviennent les hypothèques constituées par un propriétaire dont le droit de propriété est grevé d'une condition résolutoire?

Il y a là une distinction à faire : si la résolution est arrivée par un fait nécessaire, les hypothèques sont éteintes; mais si elle est amenée par la volonté du constituant, alors les hypothèques conservent tout leur effet.

Celui qui a sur un immeuble un droit soumis à une condition suspensive, peut bien hypothéquer cet immeuble, mais les hypothèques suivront le sort de la condition.

Ainsi, un héritier peut consentir une hypothèque éventuelle sur les biens qui lui écherront dans le partage de la succession; mais la morale publique et la loi qui la protége interdisent l'hypothèque sur la succession à venir d'une personne encore vivante.

Tous les biens présents du débiteur peuvent être soumis à l'hypothèque; mais l'article 2129 interdit formellement d'y affecter les biens à venir du débiteur; c'était le contraire dans la législation romaine : ce genre de stipulation n'était pas interdit aux parties. Dans l'ancienne jurisprudence française on avait été plus loin : tout contrat constitutif d'hypothèque atteignait de plein droit tous les biens présents et à venir.

Maintenant il n'en est plus ainsi. Cependant, si les biens présents et libres du débiteur sont insuffisants pour la sûreté de la créance, il peut, en exposant cette insuffisance, consentir que chacun des biens qu'il acquerra dans la suite y soit affecté à mesure des acquisitions (art. 2130 du Code civ.). Cette disposition, prise dans l'intérêt du créancier et du débiteur, a eu pour but de favoriser les prêts d'argent, et par conséquent, les affectations d'hypothèques qui en font la sûreté. Elle a même été étendue par la jurisprudence aux personnes qui ont l'espoir d'acquérir des immeubles, quoiqu'elles n'en possèdent pas encore. Tout intéressé aurait droit à faire réduire aux biens présents une semblable hypothèque, s'ils étaient suffisants.

S'il arrivait que les immeubles hypothéqués eussent péri ou éprouvé des dégradations, de manière qu'ils fussent devenus insuffisants pour la sûreté du créancier, celui-ci pourra, ou poursuivre dès à présent son remboursement, ou obtenir un supplément d'hypothèque (art. 2131).

Ce supplément ne remonterait pas au jour de la première convention, et il doit être suivi d'inscription.

Par contre, l'hypothèque acquise s'étend à toutes les améliorations survenues à l'immeuble qu'elle grève (art. 2133). Ainsi, l'hypothèque s'attache à l'alluvion. Ainsi l'hypothèque donnée sur la nue propriété, frappera l'usufruit s'il y a consolidation. Ainsi, quand un tiers débiteur bâtit sur un terrain hypothéqué, la maison est affectée. Mais l'hypothèque ne frappe pas les augmentations survenues par l'achat d'immeubles voisins.

3.° *Des actes contenant constitution d'hypothèques.*

L'hypothèque du Droit romain pouvait être consentie verbalement : l'écriture ne servait qu'à la preuve. En France, sauf quelques exceptions, elle était censée attachée de droit à tout acte authentique. Entre ces deux systèmes parfaitement opposés, le Code de 1804 a choisi un moyen terme, et il a consacré que l'hypothèque conventionnelle ne peut être consentie que par un acte passé en forme authentique devant deux notaires ou devant un notaire et deux témoins.

Un acte authentique qui ne serait pas notarié, par exemple un procès-verbal de conciliation devant un juge de paix, serait insuffisant pour constituer une hypothèque valable. Les actes sous seing privé sont également destitués d'effet; ils ne serviraient de base à une inscription, que s'ils avaient été reconnus en jugement. Cependant on pourrait prendre inscription en vertu d'une convention conditionnelle, même quand le montant de l'obligation ne serait pas liquidé.

Les contrats passés en pays étranger ne peuvent donner d'hypothèque sur les biens du débiteur situés en France, s'il n'y a des dispositions contraires dans les lois ou dans les traités (art. 2128).

Cette rigueur se justifie parce que notre hypothèque est, au moins quant à la manière de l'acquérir, du Droit civil.

Les actes passés en pays étrangers, même avec les formes solennelles, n'ont chez nous que la valeur d'un acte sous seing privé, et non-seulement on refuse à l'acte étranger le pouvoir civil, c'est-à-dire, l'exécution, mais la stipulation même d'hypothèque n'est pas reconnue valable.

L'hypothèque conventionnelle n'est valable qu'autant que le titre constitutif de la créance ou un acte authentique postérieur contient la déclaration spéciale de la nature et de la situation de chacun des immeubles actuellement appartenant au débiteur sur lesquels il consent l'hypothèque de la créance (art. 2129).

C'est ici que nous rencontrons le principe de spécialité dont nous avons parlé dans la première partie, et qui est imposée comme une des conditions de la validité de l'hypothèque conventionnelle. Les indications exigées pour les immeubles sont destinées à être répétées dans l'inscription. Ainsi, la spécialité concourra à assurer la publicité.

L'hypothèque générale conventionnelle est donc prohibée par notre Code. Le but du législateur a été d'empêcher les débiteurs d'engager trop facilement toute leur fortune, et de ne pas laisser accumuler plusieurs hypothèques sur le même immeuble, et de favoriser les effets de la publicité, comme nous venons de le dire.

4.° *Des obligations pour sûreté desquelles l'hypothèque peut être constituée.*

L'hypothèque suppose une obligation civilement valable; elle peut, du reste, être établie pour sûreté de toute espèce d'obligations. Ainsi, elle peut être attachée à une créance conditionnelle, dût même cette condition n'échoir que par une circonstance dépendant de la volonté du débiteur. Elle peut être établie comme sûreté d'un prêt à effectuer, d'un crédit ouvert, d'une lettre de change.

L'hypothèque, nous l'avons dit, est modifiée par la nature des obligations, dont elle est l'accessoire. Si l'obligation principale est pure et simple, l'hypothèque le sera aussi; si l'obligation est conditionnelle, la garantie le sera aussi.

Or, une obligation peut être à terme ou conditionnelle.

Par le terme, il n'y a que le payement seul de l'obligation retardé; l'hypothèque prendra date du jour où elle aura été consentie.

Les principales espèces de conditions sont : les conditions résolutoires et les conditions suspensives.

Les conditions résolutoires, comme il a été dit, mettant fin au contrat principal, atteignent aussi le contrat accessoire.

Les conditions suspensives ont pour effet de suspendre l'obligation.

Si la condition est arrivée, l'obligation se vérifie, et elle a effet rétroactif au jour de la convention. Si elle manque, l'obligation est censée n'avoir jamais existé.

Lorsque l'obligation et la condition sont pendantes, l'hypothèque qui garantit l'obligation peut être inscrite, puisque l'inscription n'est qu'un acte conservatoire. La condition arrivant, l'obligation rétroagit à l'époque de la convention, et l'inscription subsiste dans toute sa force.

La condition n'arrivant pas, l'obligation est censée n'avoir jamais existé, et par conséquent, le principal n'existant plus, l'accessoire s'éteint : *resoluto jure dantis resolvitur et jus accipientis.*

Mais l'application de ces principes n'est pas aussi simple qu'on pourrait le croire; elle se complique de la différence qu'il y a entre les conditions casuelles, potestatives et mixtes. La rétroactivité a lieu au jour de la convention pour les conditions casuelles ou qui dépendent de l'effet du hasard seul, et pour les conditions mixtes, c'est-à-dire, dépendant et du hasard et de la volonté de l'homme; pour une condition potestative, la rétroactivité fait courir l'obligation du jour de l'accomplissement de la condition.

L'hypothèque conventionnelle n'est valable qu'autant que la somme pour laquelle elle est consentie, est certaine et déterminée par l'acte. Si la créance résultant de l'obligation est conditionnelle pour son existence, ou indéterminée dans sa valeur, le créancier ne pourra requérir l'inscription dont il sera parlé ci-après, que jusqu'à concurrence d'une valeur estimative par lui déclarée expressément, et que le débiteur aura droit de faire réduire, s'il y a lieu (art. 2132).

L'évaluation que fait le créancier de l'obligation indéterminée est définitive à l'égard des tiers, et ne peut être augmentée à leur préjudice. Elle est pour les tiers créanciers la mesure du crédit qu'ils peuvent accorder au possesseur de l'immeuble hypothéqué.

C'est pour cela que l'on voit souvent figurer dans le chiffre d'une inscription hypothécaire une ou deux années d'intérêt des sommes dues au créancier.

CHAPITRE II.

1.° *De l'inscription des hypothèques et du rang qu'elles ont entre elles.*

L'article 2134 du Code civil est ainsi conçu :

« Entre les créanciers l'hypothèque, soit légale, soit judiciaire, « soit conventionnelle, n'a de rang que du jour de l'inscription prise « par le créancier sur les registres du conservateur. »

La préférence des hypothèques s'établit donc par la priorité de l'inscription. C'est la conséquence du principe de publicité que notre article établit, car les registres du conservateur sont des registres publics. L'inscription ne fait pas l'hypothèque, elle la met en action ; ce n'est qu'une formalité extrinsèque, qui sert à assurer entre créanciers l'efficacité de l'hypothèque et son rang. Peu importe l'époque des contrats portant constitution d'hypothèque ; la seule chose dont les créanciers tiennent compte, est la date de l'émission des inscriptions. L'inscription n'a pas été établie en vue du débiteur ; car un créancier porteur d'un titre authentique peut faire exproprier son débiteur ; il n'a pas besoin d'une hypothèque inscrite. Mais le défaut d'inscription serait opposé avec raison par les créanciers chirographaires à celui qui aurait négligé de se faire attribuer un droit de suite à l'égard des tiers.

Le créancier hypothécaire inscrit peut opposer le défaut d'inscription à celui qui serait porteur d'un titre constitutif d'hypothèque antérieur et non inscrit, même quand il aurait eu connaissance de l'existence de ce titre.

La déchéance de l'hypothèque non inscrite a lieu d'après le Code civil, non-seulement à l'égard des autres créanciers, mais encore à l'égard des tiers acquéreurs des biens hypothéqués; le droit de suite n'aurait ainsi plus lieu, le créancier ne pouvant s'inscrire sur un immeuble qui n'appartient plus à son débiteur. Ces principes, trop rigoureux et rendant trop précaire la position des créanciers hypothécaires, ont été modifiés par l'article 834 du Code de procédure, tel qu'il a été modifié par la loi du 2 juin 1841.

Les créanciers qui, ayant une hypothèque, auront négligé de faire inscrire leur titre antérieurement aux aliénations qui seront faites à l'avenir des immeubles hypothéqués, pourront encore procéder à cette inscription dans la quinzaine de la transcription de l'acte translatif de propriété.

L'inscription est soumise à des formes légales déterminées par la loi.

L'article 2134 soumet à l'inscription les hypothèques soit légales, soit judiciaires, soit conventionnelles. Il y a cependant des hypothèques légales qui existent indépendamment de toute inscription; ce sont celles des mineurs et interdits, et celles des femmes mariées. Ce n'est pas que la loi exempte tout à fait ces hypothèques d'inscription, mais le défaut d'inscription ne peut porter préjudice aux intérêts des incapables. De plus, quand elles sont inscrites, elles ne datent pas du jour de leur inscription. Nous allons voir à quelle époque elles prennent naissance.

L'hypothèque légale existe au profit des mineurs sur les immeubles appartenant à leur tuteur, à raison de sa gestion, du jour de l'acceptation de la tutelle; et au profit des femmes mariées, pour raison de leurs dot et conventions matrimoniales, sur les immeubles de leur mari et à compter du jour du mariage.

Ces deux hypothèques restent dispensées d'inscription après la dissolution de la tutelle et du mariage.

Les sommes dotales ne doivent avoir d'hypothèque légale, lorsqu'elles proviennent de successions ou donations, que du jour de l'ouverture de ces successions; car c'est seulement alors qu'il y a de la part du mari une administration qui peut faire le fondement de l'hypothèque.

Si la femme s'oblige conjointement avec son mari, ou si, de son consentement, elle a fait des aliénations d'immeubles, elle ne doit avoir hypothèque sur les biens du mari pour son indemnité que du jour de l'obligation et de la vente.

L'article 2135, en disant que l'hypothèque a lieu du jour du mariage, a voulu indiquer le jour du contrat de mariage; c'est ce dont il n'est pas permis de douter si on lit les articles 2194 et 2195, dont les termes sont plus explicites. Quand il n'y a pas de contrat, c'est du jour du mariage.

Les créances paraphernales ne donnent hypothèque que du jour où le mari a reçu les sommes, ou du jour où il s'en est emparé.

Les augmentations qui surviendraient à la dot de la femme sont paraphernales dans notre Code civil; elles donnent hypothèque du jour que nous avons déterminé. La femme peut perdre le rang de son hypothèque légale en y renonçant soit en faveur de son mari, soit en faveur d'un tiers. En faveur d'un tiers la femme peut renoncer à son hypothèque pour le tout, si elle est mariée sous le régime de la communauté; et lorsqu'elle est mariée sous le régime dotal, pour une partie, en tant qu'il n'en résulte pas de préjudice pour sa dot.

En faveur du mari le Droit romain et le Droit intermédiaire ne donnent la faculté à la femme de renoncer qu'autant que les biens du mari sont suffisants pour répondre de la dot et des conventions matrimoniales. Le Code civil a admis les mêmes principes.

Par contrat de mariage une femme ne peut, en aucune manière, renoncer pour le tout à son hypothèque légale. Dans la discussion du Code civil au Conseil d'État, cette faculté vivement réclamée ne fut pas admise, parce que l'on craignit qu'elle ne devînt de style dans les contrats. Mais dans le contrat de mariage les parties majeures peuvent convenir qu'il ne sera pris d'inscription que sur un ou certains meubles du mari; les immeubles qui ne seraient pas indiqués dans l'inscription resteront libres et affranchis de l'hypothèque pour la dot de la femme et pour les reprises et conventions matrimoniales (2140). Cette limitation ne fait perdre à l'hypothèque aucun de ses droits, et elle grève moins les spéculations que pourrait faire le mari. Il en serait de même pour les immeubles du tuteur, lorsque les parents, en conseil de famille, auront été d'avis qu'il ne soit pris inscription que sur certains immeubles.

Les rédacteurs du Code civil ont préféré, comme nous le voyons, la sûreté des mineurs et des femmes mariées à celle des prêteurs et autres créanciers. C'est dans ce dessein qu'ils ont laissé subsister des hypothèques occultes. Pour remédier aux inconvénients de ce système, ils ont prescrit des mesures pour l'inscription de ces hypothèques. C'est ce que nous allons examiner.

La loi a voulu que les maris et les tuteurs fissent connaître par la voie de l'inscription les hypothèques légales qui grèvent leurs biens. Elle exige qu'ils requièrent ces inscriptions sans aucun délai. Si les tuteurs et maris ont omis de prendre ces inscriptions et qu'ils consentent ensuite des hypothèques sur leurs biens, sans déclarer expressément les hypothèques légales dont ils sont grevés, ils sont réputés stellionataires et comme tels contraignables par corps.

Les subrogés tuteurs sont tenus, sous leur responsabilité personnelle et sous peine de tous dommages et intérêts envers les tiers, de veiller à ce que les inscriptions soient prises sans délai sur les biens du tuteur, pour raison de sa gestion; même il leur est enjoint de faire les inscriptions. A défaut par les maris, tuteurs et subrogés tuteurs d'exécuter ces dispositions de la loi, les inscriptions seront requises par le procureur du Roi près le tribunal de première instance du domicile des maris et tuteurs, ou du lieu de la situation des biens. Les parents soit du mari, soit de la femme, ceux des mineurs ou leurs amis, pourront requérir lesdites inscriptions. Les incapables eux-mêmes seront recevables à le faire.

2.° *Restriction de l'hypothèque légale des femmes, des mineurs et des interdits.*

Nous avons déjà vu qu'à l'époque du contrat de mariage les parties majeures pouvaient spécialiser l'hypothèque générale qui frappe les biens du mari, et que cela était possible aussi à l'égard des biens du tuteur.

Mais on peut encore arriver à ce résultat pendant le mariage et pendant la tutelle. Puisque l'on peut convenir qu'il ne sera pris d'inscription que sur un ou certains immeubles, cas dans lequel les autres immeubles du mari sont affranchis de l'hypothèque, ce qui s'entend même aussi des immeubles futurs; par la même raison, l'on peut convenir qu'il ne sera point pris d'inscription sur tels ou tels immeubles, pour lesquels le mari se réserve la faculté de vendre, et dans ce cas l'hypothèque subsiste sur tous les autres immeubles présents du mari et affectera aussi ses immeubles futurs.

Lorsque la restriction a été faite dans les termes de la loi, les personnes chargées de prendre hypothèque ne seront tenues de requérir inscription que sur les immeubles indiqués.

Lorsque l'hypothèque générale n'aura pas été restreinte par l'acte de nomination du tuteur, celui-ci pourra, dans les cas où l'hypothèque générale sur les immeubles excéderait notoirement les sûretés suffisantes pour sa gestion, demander que cette hypothèque soit restreinte aux immeubles suffisants pour opérer une pleine garantie en faveur du mineur. La demande doit être dirigée contre le subrogé tuteur, qui est chargé de représenter le mineur et de défendre ses intérêts lorsqu'ils sont en opposition avec ceux du tuteur. La loi a du reste entouré la fortune du mineur de toutes les garanties possibles. Ainsi, le conseil de famille doit d'abord se réunir et donner son avis sur l'opportunité de la demande formée par le tuteur. Ensuite le tuteur doit introduire sa demande en justice contre le subrogé tuteur. La cause étant mise en état, le tribunal ne prononce qu'après avoir entendu un nouveau contradicteur, que la loi donne au tuteur, le ministère public.

Le mari pourra pareillement, après avoir pris l'avis de quatre des plus proches parents de sa femme, réunis en assemblée de famille, et avec le consentement de celle-ci, demander que l'hypothèque générale sur tous les immeubles, pour raison de la dot, des reprises et conventions matrimoniales, soit restreinte aux immeubles suffisants pour la conservation entière des droits de la femme.

L'avis des quatre parents peut n'être pas favorable, mais l'assentiment de la femme est nécessaire.

Les jugements sur les demandes des maris et des tuteurs ne seront rendus qu'après avoir entendu le procureur du Roi et contradictoirement avec lui. Ce n'est pas une simple homologation que donne le tribunal; il juge une contestation et n'est pas tenu de se ranger à l'avis du subrogé tuteur ou des parents.

Lorsque le tribunal prononce la réduction, l'hypothèque superposée sur les biens affranchis disparaît, et l'inscription qui la rendait publique est rayée.

Si dans le cas de réduction de l'hypothèque les immeubles affectés venaient à être gravement détériorés de manière à ne plus présenter des garanties suffisantes pour la fortune des incapables, la femme ou le subrogé tuteur seraient bien fondés à demander un supplément d'hypothèque, comme on pourrait le faire pour une hypothèque conventionnelle (2131).

JUS ROMANUM.

De pignoribus et hypothecis.

Pignus quid sit?

Pignus appellatur à *pugno*, quia res quæ pignori dantur manu traduntur, undè etiam videri potest quod quidam putant pignus propriè rei mobilis constitui.

Secunda est definitio, ut pignus sit omnis res pro debito obligata, quamvis autem pignus à pugno dicatur non exindè tamen aufertur ut pignus non consistat, nisi in his rebus, quæ manu capi possunt, id est, in bonis mobilibus, quin etiam immobilibus contrahatur.

Hypotheca quid sit?

Hoc verbum, hypotheca, componitur ex duabus notis græcis, quarum prima *sub*, altera *ponere* significat.

Pignoris appellatione eam propriè rem contineri dicimus, quæ simul etiam traditur creditori, maximè si mobilis sit; at eam quæ sine traditione nudâ conventione tenetur, propriè hypothecæ appellatione contineri dicimus. (L. 9, §. 2. D. de pignor. et act., §. 7, I. de act.)

Inter pignus autem et hypothecam, quantum ad actionem hypothecariam attinet, nihil interest; nam de quâ re inter creditorem et debitorem convenerit, ut sit pro debito obligata, utrâque hâc appellatione continetur. (§. 7, I. de act.; L. 5, §. 1, Dig. de pign. et hypoth.; L. 13, §. 1; L. 16, §. 6.)

Sic inter pignus et hypothecam nulla est quoad actionem distinctio; respectu præscriptionis tamen diversificantur, nam hypothecaria actio præscribitur spatio temporis; actio autem ista quæ pro pignore præstatur, non præscribitur, quia possidetur à creditore, non verò à debitore pignus.

Hypotheca non est pars domini quæ fundatur in debito.

Hypothecæ et pignoris jus est cessibile et vendibile, undè cessionarius ea omnia poterit quæ poterat cedens, quia per cessionem crediti et juris principalis censetur cessum jus pignoris et hypothecæ; sine autem principali obligatione cedi non potest hypotheca.

Actio hypothecaria differt à personali :

Personalis denominatur tùm ex parte creditoris, tùm debitoris, quia procedit ab obligationibus ex contractu proficiscentibus et dicitur affixa ossibus creditoris et eum sequitur, et transit universali successori, non particulari.

Hypothecaria actio est jus quod in re constituitur, id est, in bonis ipsius tantùm debitoris. Quæ ideò est infixa bonis, ità ut sit inseparabilis transiens ad successores quoscumque bonorumque possessores et dicitur jus afficiens, quia res semper transire debet cum suâ causâ.

Infertur propterea ex suprà dictis creditori adversùs debitorem duplicem actionem competere, personalem et realem, quia hypothecaria est accessoria in actione personali.

Res hypothecæ dari posse sciendum est pro quâcumque obligatione, vel pro civili obligatione, vel honorariâ, vel tantùm naturali. (L. 14, §. 1. D. de pignor. et hypoth.; L. 13, pr. D. de cond. ind.; L. 101, §. 1. D. de salut.)

Sed si jure civili nulla obligatio declaratur, non valida est pignoris constitutio.

Hypothecæ et pignoris nonnullæ sunt species :

Prima est conventionalis, quæ ex pacto et partium conventione expressa producitur, et ista prima species in specialem et generalem distinguitur.

Secunda est tacita, quæ legalis dicitur, inducitur enim à lege vel statuto.

Tertia est prætoria, quæ inducitur contra reum immissum ob contumaciam.

Quarta est judicialis, cum præcedente sententiâ definitivâ in causam judicati capitur pignus.

Prima species hypothecæ conventionalis in specie fit, quandò res particularis et certa obligatur, quandò non est indefinita et indeterminata, bonorum omnium præsentium atque futurorum, sed terminata pro certis bonis.

Specialis hypotheca contracta dicitur, quandò dixit debitor se obligare bona omnia et singula, præsentia et futura.

Generalis autem hypotheca expressa et conventionalis est, quandò certa res vel res certæ et determinatæ non obligantur, sed vel simpliciter bona vel omnia bona.

Inter duas species differentia est : qui initiitur speciali hypothecâ debet docere, quod res esset in dominio debitoris de tempore obligationis, quia autem generalis ad omnia refertur hoc etiàm probandum non est; minùs specialis afficit quam generalis: in speciali non veniunt bona futura, in generali autem bona veniunt omnia, tàm præsentia quam futura.

Secunda principalis species hypothecæ est, quæ à lege inducitur super bona debitoris, et dicitur tacita, quia absque expressis contrahentium pactionibus inducitur.

Expressa verò dicitur respectu legis et statuti in quo inducitur, et sicuti expressa hypotheca habet locum pro bonis tàm præsentibus quàm futuris ità et tacita.

Tertia species est hypotheca vel pignus prætorium, quod constituitur ex contumaciâ debitoris nulla præcedente sententiâ. Differt à conventionali, quia illud potest constitui sine possessionis traditione, hoc verò nequaquàm.

Ut bona comprehendantur hypothecâ, sufficit quod ea bona in dominium debitoris semel pervenerint licet posteà debitor desiniat dominium eorum habere. Bona semel affecta transeunt in tertium possessorem cum suâ causâ.

Ad firmandam hypothecam nulla est requisita forma nec traditio, solo consensu elicitur. Per epistolam potest contractus iniri et per aliamcumque privatam scripturam.

1.° *Quæ veniant in hypothecâ?*

Hypotheca potest constitui tàm super bonis præsentibus, quàm super futuris. Et procedit eadem conclusio, si debitor etiàm nulla bona habeat de præsenti; quarè sufficiet probare quòd aliquo tempore bona fuerint possessa à debitore. In speciali autem hypothecâ regula contraria danda est, ut res quæ debitoris non est, subjici hypothecæ non possit, quia res aliena nondum acquisita à debitore obligari non potest.

Dari possunt hypothecæ tàm corporales quàm incorporales res et quæ non sunt, ut fructus pendentes, partus ancillæ, fœtus pecorum et ea quæ nascuntur.

Ex rebus incorporalibus subjici possunt hypothecæ :

1.° Nomina;

2.° Ususfructus, sive dominus proprietatis convenerit, sive ille qui solum usufructum habet;

3.° Servitutes viæ, itineris actus, aquæductus, sed sub conditione ut eis creditor utatur, scilicet si vicinum fundum habeat;

4.° Militiæ quæ vendi vel ad hæredes sub certâ definitione transmitti possunt, licet creditoribus jure hypothecæ vindicare.

Res sunt quæ non commercio surripiuntur de illis tamen prohibitur nexus hypothecæ; tales sunt :

1.° Res quarum sive lex alienationem inhibuerit, sive testator hoc fecerit, sive pactio contrahentium hoc admiserit, exempli gratiâ : fundus dotalis, qui antè nuptias non æstimatus fuit, vel litigiosæ res, vel bona filiifamiliâs quorum pater administrationem suscepit;

2.° Spes eorum præmiorum quæ pro coronis athletis pensitanda sunt;

3.° Pignorum gratiâ quod ad culturam agri pertinet, id est servi, aratores, boves aut instrumenta aratoria auferri non convenit.

Et in re alienâ nunquàm hypothecam consistere sciendum est, præter in exceptis casibus, qui sunt :

Primò, quandò creditor de tempore obligationis ignorabat rem esse alienam, quià ad dominium debitoris tenet obligatio et effectus est quod si posteà veniat in dominium debitoris, datur actio creditori ad eam vindicandam ex actione utili hypothecariâ;

Secundus casus est, quandò creditor possidere posteà reperitur rem alienam à suo debitore hypothecatam, ratione enim possessionis quæritur sibi jus retentionis, quamvis cesset sibi jus actionis;

Tertius est casus quandò, superveniente dominio, ipse debitor declararet, rem affectam hypothecæ;

Quartus casus est, quandò debitori res aliena hypothecata debita est;

Quintus casus est, quandò hypothecatur res aliena sub conditione, cùm debitoris fuerit.

Res sacræ non possunt hypothecari.

Bona fidei commisso subjecta non possunt hypothecari, quandò à testatore est prohibita alienatio.

Alienationis prohibitio extenditur ad omnem actum ex quo pervenit ad alienationem.

Alienari prohibita non veniunt in generali obligatione — contrà omnia quæ possunt alienari possunt hypothecari.

2.° *Ex quibus causis nascitur hypotheca?*

Jus pignoris oritur :

1.° Vel ex voluntate domini (pignus voluntarium);

2.° Vel contra suam voluntatem (pignus necessarium).

1.ª Voluntarium pignus vel ex conventionibus et pactis hominum nascitur (conventionale pignus);

1.ᵇ Vel ex justâ declaratione ultimæ voluntatis (pignus testamentarium).

Pignus necessarium datur :

2.ª Vel jussu magistratûs sive per missionem in bona vel in possessionem (prætorium pignus), sive per pignoris capionem (in causâ judicati pignus captum);

2.ᵇ Vel per legis dispositionem, et res pignori esse creduntur quasi id tacitè convenerit.

Pignus voluntarium.

Ex duobus generis pignoris voluntarii, conventionale in aliquis legibus invenitur et altius est quam testamentarium.

Jure antiquo conventionalis hypothecæ constitutio variis constitit formis, quæ erant, mancipatio, in jure cessio fiduciæ causâ, id est, debitor cum creditore contrahit de re suâ illi solemniter transferendâ et sub eo stipulatur quod tantum pecuniâ solutâ rem pignoratam debitori retrocedat.

Sic proprietas ex jure quiritium creditori transfertur ad tempus; sæpè demùm competit, si neque conduxerit eam rem à creditore debitor, neque precariò rogaverit, ut eam rem possidere liceret. Qui fiduciam accepit mancipanti rem remancipat.

Seriùs duo genera oriuntur pignoris constituendi, quæ differunt ex cæteris eo quod rei possessionem non consequitur creditor. Cæterùm dominium penes debitorem est, ità ut jus creditori concessum sit, nominis tuendi gratiâ.

Hæc genera sunt contractus pignoratitius et pactum hypothecæ.

Sæpè alienare poterat creditor pignus *ex pactione*, quamvis ejus ea res non sit, sed hoc forsitan ideò videatur fieri, quod voluntate debitoris intelligitur pignus alienari, qui olim pactus est, ut liceret creditori pignus vendere, si pecunia non solvatur.

In novo jure etsi de distrahendo pignore non magìs convenerit et venditio valebat.

Imò lex stipulationem non prohibebat rem creditoris fore, si certo tempore debitum non solutum esset.

3.° *Pro quâ obligatione possit pignus contrahi, et quandò possit?*

Res hypothecæ dari posse sciendum est pro quâcumque obligatione; sive mutua pecunia detur, sive dos, sive emptio vel venditio contrahatur, vel etiam locatio conductio vel mandatum.

Et sive pura est obligatio vel in diem, vel sub conditione.

Et sive in præsenti contractu, sive etiàm præcedat, sed et futuræ obligationis nomine dari possunt.

Sed et non solvendæ omnis pecuniæ causâ verùm etiam de parte ejus.

Et vel pro civili obligatione, vel honorariâ, vel tantùm naturali.

Circà obligationem conditionalem, nota quod statìm subjicitur: sed in conditionali obligatione non aliàs obligamur, nisi conditio extiterit.

Circà naturalem autem, generaliter ex quibus casibus naturalis obligatio consistit, pignus perseverare constat.

Sed an pignus constitui poterit pro eâ obligatione naturali quam jus civile improbare videtur, quales sunt, obligatio mulieris contrà senatusconsultum intercedentis, et filiifamilias mutuam pecuniam accipientis? Eâ de re dicit Gajus: Si alius pro muliere quæ intercessit, dederit hypothecam, aut pro filiofamiliâs cui contrà senatusconsultum creditum est, an his succurritur, quæritur?

Et in eo quidem qui pro mulieri obligavit rem suam, faciliùs dicetur succurri ei; sicuti fidejussori hujus mulieris eadem datur exceptio. Sed et in eo qui pro filiofamiliâs rem suam obligavit, eadem dicenda erint quæ tractantur et in fidejussore ejus.

Non tantùm ob pecuniam sed ed ob aliam causam pignus dari potest; veluti si quis pignus alieni dederit ut pro se fide jubebat.

Denique dare quis hypothecam potest, sive pro suâ obligatione, sive pro alienâ. Illud patet quòd si nulla obligatio subsit, pignus non consistat.

4.° *Qui hypothecam contrahere possunt?*

Nexum non facit prædiorum in pactis nisi persona quæ jure potuit obligare, id est cui res obligata pertinet.

Sic intelligimus res quæ dominii nostri sunt et ea quæ jure aliquo possidemus quamvis non sint dominii nostri. Pertinere etiam ad nos ea dicimus, quæ in nullâ eorum causâ sunt sed esse possunt. (L. 181, D. de verb. signif.)

Hi quidem ad quos res pertinet, eam obligare possunt; sed ità et quâtenus de rebus suis disponendi facultatem habent. Hinc pupillus sine tutoris auctoritate hypothecam dare non potest.

Quid si pro futurâ obligatione pignus datum fuerit, eo tempore inspicietur, quo contracta fuerit obligatio, quùm non prius intelligatur contractum pignus.

Cum quis id quod futurum est pignori dat, opportet eo tempore quo contractum est ad ipsum pertinuisse rem ex quâ id nasci sperabatur. Hæc regula tamen exceptionem patitur, si eam det pignori in eum casum quo ipsius futura sit (L. 16, p. 7, ad formul. hypoth.). Sed et cum jure contrahitur, ità demùm necesse est, rem ipso tempore quo pignus contrahitur, pertinere ad eum qui pignori dat, si speciale pignus contrahatur. Cæterùm conventio generalis in pignore dando, bonorum vel posteà quæsitorum recepta est.

Vidimus eos ad quos res pertinet, eam pignori dare posse. His adjungendi sunt qui jus habent ejus administrandæ. Hi enim possunt ex his causis quæ fines ipsorum administrationis non egrediuntur eam rem pignori dare.

Hinc, si is qui bona reipublicæ jure administrat, mutuam pecuniam pro eâ accipiat, potest rem ejus obligare. Sed si procurator meus, vel tutor rem pignori dederit, ipse agere pignoratitiâ poterit.

Quod tamen in procuratore ità procedit, si mandato fuerit pignori dare; vel universorum bonorum administratio ei permissa est, ab eo qui sub pignoribus solebat mutuas pecunias accipere.

Alius autem procurator citrà domini voluntatem domum pignori frustrà dedit. Si tamen pecuniam creditoris in rem domini versam constabit, non inutilis erit exceptio.

Imò et servus rem peculiarem si pignori dederit tuendum est, si liberam peculii administrationem habuit, nàm et alienare eas res potuit.

Eadem et de filiofamiliâs dicta intelligimus.

Curator adulti vel tutor pupilli propriam rem mobilem ejus cujus negotia tuetur pignoris jure obligare non potest, nisi in rem ejus pecuniam mutuam accipiat.

Is autem non potest rem pignori dare ad quem res nullatenùs pertinet, nisi consensus accedat ejus ad quem res pertinet, et hæc voluntas etiam ex intervallo utiliter accedit.

Pariter nec per socium meum pars mea obligari potest. Sed si posteà rei dominium ei supervenerit ex causâ quæ jàm existabat, eo tempore quo rem hypothecæ dedit, retrotrahitur dominium ad tempus quo pignus constitutum est, confirmaturque pignus.

Sic ait Paulus : Rem alienam pignori dedisti, deindè dominus rei ejus esse cœpisti, datur utilis actio pignoratitia creditori.

Datur quidem utilis hypothecaria creditori, qui deceptus est et ignorabat alienam esse rem quæ ipsi pignori dabatur.

5.° *De hypothecâ tacitè contractâ.*

Si quis pro eo quod ex causâ transactionis promittebatur, pignus dedit, tacitè quoque illud obligâsse intelligetur pro vetere contractu, si transactioni non stetur.

In duas species dividuntur hypothecæ tacitè contractæ, quæ sunt speciales et generales.

Speciales sunt :

1.° Tacitum pignus quod locator prædiorum urbanorum habet in invectis et illatis. Inducta accipe de rebus se moventibus, nimirum animalibus, et mancipiis, illata de rebus inanimis;

2.° In prædiis rusticis fructus qui ibi nascuntur tacitè intelliguntur pignori esse domino fundi locati, etiam si nominatim id non convenerit, sed non in invectis et illatis.

Notandum hoc tacitum pignus obtinuisse duntaxat in ædibus utræquæ Romæ aut in earum territorio. Hoc jus autem Justinianus et ad provincias porrigi voluit.

Videndum est tamen ne omnia illata, sed ea sola quæ inducta fuerint, pignori sint;

3.° Senatusconsulto quod sub Marco imperatore factum est, pignus insulæ, creditori datum qui pecuniam ob restitutionem ædificii extruendi mutuam dedit ad eum quoque pertinebit, qui redemptori domino mandante, nummos ministravit;

4.° Habent quoque pupilli jus taciti pignoris in rebus quæ ex ipsorum pecuniâ emptæ sunt;

5.° Uxoribus tacita datur hypotheca pro restitutione dotis in bonis viri;

6.° Item ex constitutione Justiniani legatariis et fideicommissariis in bonis defuncti.

Generales dantur hypothecæ ut infrà dictum est:

1.° Fisco in bonis creditorum suorum, præcipuè propter publicas pensitationes;

2.° Pro officio administrationis tutoris vel curatoris bona tanquàm pignoris titulo obligata, minores sibimet vindicare minimè prohibentur. Idem est et si tutor vel curator quis constitutus res minorum non administraverit.

Cum mater quæ liberorum suorum tutelam susceperit, ad secundas nuptias transit, nec petit tutorem liberis suis, bona mariti ejus tacite obligantur ratiociniis tutelæ.

3.° Tacitè quoque bona patris sunt obligata liberis quos in potestate habet pro conservatione bonorum materni generis quæ ad ipsos pertinent.

4.° Ut plenius dotibus subveniatur, tacitas hypothecas inesse accipitur ex utroque latere, sive ex parte mariti pro restitutione dotis promissæ, sive ex parte mulieris pro ipsâ dote præstandâ, vel rebus dotalibus evictis.

6.° *Quale jus pignus creditori tribuat?*

In re pignoratâ jus concessum est rei possidendæ atque etiam distrahendæ.

Quidquid pignori commodi vel incommodi fortuitò accessit, id ad debitorem pertinet. Hinc sequitur quòd rei pignoratæ dominium, salvâ tamen pignoris causâ, ad quemvis debitor transferre potest.

Res pignorata pignori data *sub pignus* appellatur et rectè constitui potest.

De quæstione qui potiores in pignore habeantur respondetur a duabus vulgatissimis regulis:

Prima est: qui prior tempore, prior jure;

Altera: qui concurrunt tempore, concurrunt jure.

Generales sunt hæ regulæ exceptis tamen casibus in quibus cum privilegiis concurritur; et si quis jus pignoris vel hypothecæ instrumentis publicè confectis nititur, præponi decernitur etiamsi posterior si contineatur nisi fortè probatæ atque integræ opinionis trium vel amplius virorum subscriptiones eisdem *idiochiris* contineantur; tunc enim quasi publicè confecta accipiuntur.

Si à diversis non dominis pignus accipitur, possessor melior sit.

INSTRUCTION CRIMINELLE.

Des Contumaces.

(Articles 465 — 478).

1.° *Instruction de la contumace.*

On nomme contumax ou contumace, en matière criminelle, celui qui, étant accusé d'un crime, s'est soustrait aux poursuites de la justice ou a refusé de lui obéir, en ne se présentant pas dans les dix jours de la notification faite à son domicile de l'arrêt de mise en accusation rendu par l'une des chambres de la cour royale. L'instruction faite et l'arrêt rendu en l'absence de l'accusé, se nomment arrêt par contumace, instruction par contumace. Lorsqu'un accusé est en état de contumace, la loi veut d'abord que cet état soit officiellement et légalement constaté.

Dans ce but le président de la cour d'assises, ou, en son absence le président du tribunal de première instance, et à défaut de l'un et de l'autre, le plus ancien juge de ce tribunal, rendra une ordonnance contenant mention du crime commis et ordonnance de prise de corps, portant que l'accusé sera tenu de se représenter dans un délai de dix jours, sinon, qu'il sera déclaré rebelle à la loi; qu'il sera suspendu de l'exercice des droits de citoyen, c'est-à-dire, des droits politiques; qu'il lui sera interdit, par exemple, de voter dans les élections des députés ou des autres corps éligibles; que ses biens seront séquestrés, c'est-à-dire mis sous la main de la justice, qui aura à pourvoir à leur administration pendant l'instruction de la contumace; que toute action en justice lui sera interdite pendant le même temps en demandant, car on peut toujours diriger une action contre lui; qu'il sera procédé contre lui, et que toute personne sera tenue d'indiquer le lieu où il se trouve.

L'ordonnance de comparaître doit être signifiée au domicile de l'accusé, et s'il n'a pas de domicile connu, la signification doit être faite au lieu de sa résidence actuelle; ou enfin, à défaut de résidence, l'exploit est affiché à la porte de l'auditoire du tribunal où la poursuite est exercée, et une copie est donnée au procureur du Roi, qui vise l'original (art. 69, n.° 8, du Cod. de proc.).

Voilà pour la signification.

Mais afin de ne négliger aucun moyen de faire connaître à l'accusé les poursuites dont il est l'objet, l'ordonnance doit être publiée à son de trompe ou de caisse le dimanche suivant et affichée à la porte du domicile de l'accusé, à celle du maire et à celle de l'auditoire de la cour d'assises. Toutes ces formalités sont d'ordre public et substantielles. Aussi, pour justifier de leur accomplissement, il faut qu'il soit dressé procès-verbal de tout ce qui a été fait (art. 68 et 69 du Cod. de proc.).

Les formalités de la signification et celle de la publication constituent quelquefois un double emploi; aussi la loi n'exige pas que la notification de l'ordonnance à l'accusé soit faite par un acte distinct et séparé de celui qui constate la publication et l'affiche (arr. cass., 2 avril 1836).

Le procureur général ou son substitut adressera aussi l'ordonnance en copie au directeur des domaines et droits d'enregistrement du domicile du contumax, afin qu'il puisse remplir les formalités qui concernent le séquestre des biens.

Cela s'applique à l'ordonnance de prise de corps, rendue complète et exécutoire par la mise en accusation, et non à l'ordonnance de prise de corps provisoire décernée par la chambre du conseil du tribunal d'arrondissement. En conséquence l'arrestation du contumax n'anéantit ni l'acte d'accusation ni l'arrêt de mise en accusation, quoique postérieurs à l'ordonnance de prise de corps.

L'arrestation du contumax faisant tomber de plein droit le jugement de condamnation, l'affaire doit être soumise à un examen, et cette disposition d'ordre public ne peut être dispensée d'exécution par l'acquiescement du condamné au jugement rendu par contumace.

Toutes les circonstances du jugement premier doivent être soumises à un nouvel examen, et même si, pour quelque cause que ce soit, les accusés ne pouvaient être produits aux débats, leurs dépositions écrites et les réponses écrites des autres accusés du même délit seront lues à l'audience.

Si la condamnation par contumace eût été de nature à emporter la mort civile, et si l'accusé n'a été arrêté ou ne s'est représenté qu'après les cinq ans qui ont suivi l'exécution du jugement par contumace, ce jugement, conformément à l'article 30 du Code civil, conserve, pour le passé, les effets que la mort civile aurait produits dans l'intervalle écoulé depuis l'expiration des cinq ans jusqu'au jour de la comparution de l'accusé en justice.

De cela il résulte que, quand le contumax se représente avant l'expiration des cinq ans, les envoyés en possession provisoire seront tenus des obligations déterminées par les articles 125, 126, 127 du Code civil, et notamment de la restitution du cinquième des revenus.

Si le contumax a été condamné à une peine emportant mort civile, et qu'il reparaisse après l'écoulement des cinq ans, il n'a pas droit à la répétition des fruits; car sa succession était ouverte à l'expiration du délai (art. 25 du Cod. civ.).

FIN.

www.ingramcontent.com/pod-product-compliance
Ingram Content Group UK Ltd.
Pitfield, Milton Keynes, MK11 3LW, UK
UKHW021148230726
13926UKWH00002B/998